저학년

현명하고 재치 있는

명언

계림

머리말

우리의 삶을 환히 밝혀 줄 명언들을 만나 보세요

위대한 사람들의 일생을 잘 살펴보면 공통점이 있습니다.
그들의 삶 속에 한 마디의 말이나 한 줄의 글이 담겨 있다는 것이지요.
그 짧은 말과 글은 그들을 어려움 속에서 일어서게 해주었고, 그들에게 삶의 목표를 주기도 했으며, 많은 이들을 사랑하는 마음도 갖게 했습니다.
위대한 사람들의 삶뿐만이 아니에요.
우리들 모두에게 한 마디의 말, 한 줄의 글은 그 어떤 웅변이나 소설보다 큰 힘을 발휘할 수 있지요.
한 마디의 좋은 말이 우리의 인생을 바꿀 수도 있는 거예요.
여러분에게 힘이 될 수 있는 명언들을 여기 모두 모았어요.
지치거나 힘겨울 때, 자신감이 없어지고 용기가 생기지 않을 때 또는 가족이나 친구가 미워질 때 이 책을 한번 펴 보세요.

　여러분이 어떻게 마음먹고 어떻게 행동해야 할지 다시 한 번 생각하게 해줄 거예요.
　또한 이 책에는 위인들의 재미있는 일화를 소개한 '쉬어가는 이야기' 코너와 '쉬어가는 퍼즐', '쉬어가는 끝말잇기'도 담겨 있으니까 언제든 흥미롭게 접할 수 있을 거예요.
　늘 이 책을 가까이 두고 좋은 말, 좋은 글들을 마음에 새기세요. 또 많은 사람들에게 좋은 말을 많이 해주세요.
　여러분 자신과 또 주위의 사람들에게 힘과 희망을 줄 수 있을 거예요.

우리기획

1장 희망을 가져라 · 7
— 고난과 역경을 이기게 해주는 명언

쉬어가는 이야기 첫번째 · 28

2장 가족을 사랑하라 · 29
— 가족 사랑을 가르쳐 주는 명언

쉬어가는 퍼즐 1 · 46

3장 최선을 다해 노력하라 · 49
— 성실과 인내를 가르쳐 주는 명언

쉬어가는 이야기 두 번째 · 80

4장 지혜로운 사람이 되자 · 81
— 지혜와 교양을 쌓게 해주는 명언

쉬어가는 끝말잇기 1 · 100

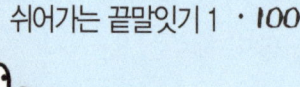

5장 성공을 만들어 내는 것은 나 자신이다 · 103
― 성공을 도와 주는 명언

6장 바른 습관을 갖자 · 117
― 좋은 습관을 길러 주는 명언

쉬어가는 퍼즐 2 · 140

7장 따뜻한 마음으로 인간을 사랑하자 · 143
― 마음을 따뜻하게 해주는 명언

쉬어가는 이야기 세 번째 · 158

8장 우정을 소중히 가꾸자 · 159
― 우정을 가르쳐 주는 명언

쉬어가는 끝말잇기 2 · 170

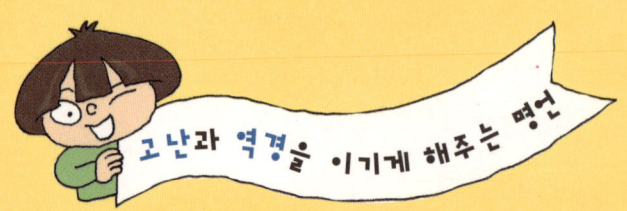

고난과 역경을 이기게 해주는 명언

> 모난 돌이나 둥근 돌이나
> 다 쓰이는 곳이 있다.
>
> — 안창호

사람들의 외모나 성격이 다 다르듯이 각자 할 수 있는 역할도 모두 다르지요. 자신이 잘 할 수 있는 일을 찾아 노력해 보세요. 나를 위해서도, 우리 사회를 위해서도 커다란 도움이 될 거예요.

안창호(1878-1938)
독립운동가. 호는 도산. 상하이 임시 정부에서 내무총장, 국무총리 서리 등을 지냈으며, 독립과 민족 계몽을 위해 평생을 바쳤습니다.

> ### 기쁨은 어려움 속에서 생겨난다.
> 　　　　　　　　　　　　베토벤

　베토벤은 음악을 하면서도 귀가 들리지 않는 불행을 맞았습니다. 하지만 거기서 주저앉지 않고 장애를 이겨내 세계적인 음악가가 되었습니다.

　이러한 베토벤의 생애는 '기쁨은 어려움 속에서 생겨난다.'는 명언을 이해하기 쉽게 해줍니다.

베토벤(1770-1827)
독일의 작곡가이자 연주가. 모차르트와 더불어 고전파를 대표하는 음악가입니다. 〈운명〉, 〈전원〉, 〈영웅〉 등의 교향곡을 비롯하여 〈월광〉, 〈비창〉 등의 피아노 소나타 등 수많은 작품을 남겨 '악성(음악의 성인)'이라 불립니다.

인간의 용기는 그 사람이 위험에 빠졌을 때만 알 수 있다.

― 다니엘

　동학 혁명을 이끌었던 전봉준은 작은 마을에서 아이들을 가르치는 훈장에 불과했습니다. 게다가 키도 작고 인물도 없어서 누구도 그를 큰일을 해낼 사람이라고 생각하지 않았지요.

　그러나 전봉준은 백성들이 관리들에게 억울한 일을 당하는 것을 보고는 참지 못하고 울분을 토해냈습니다. 그리고 그 용기에 감명 받은 사람들이 하나 둘씩 그의 곁으로 모여들어 동학 혁명이라는 거대한 물결을 만들어 냈습니다.

　비록 큰 힘을 가지고 있지 않아도 자기 앞에 닥친 위험을 헤쳐 나가기 위해 일어설 수 있는 것, 말이 아닌 행동으로 보일 수 있는 것이 바로 진정한 의미의 용기인 것입니다.

다니엘(1562-1619)
영국의 시인이며 역사가. 초기 작품에는 아름다운 내용을 담은 서정시를 주로 썼지만 시간이 흐를수록 교훈이 담긴 시와 역사성 짙은 시를 많이 남겼습니다.

겨울이 오면 봄이 멀지 않았다.
— 셸리

셸리는 어려움 속에서도 자신의 뜻을 굽히지 않았던 시인입니다. 그렇기 때문에 아름다운 시를 남길 수 있었지요.

여기에서 겨울이란 어려운 시기를 말하고, 봄은 자유로워지는 때를 의미하는 것입니다.

어떤 어려움 속에서도 꿋꿋함을 잃지 않는다면 반드시 좋은 결과를 얻을 수 있습니다.

셸리(1792-1822)
영국의 시인. 바이런·키츠와 더불어 낭만파 3대 시인으로 불립니다. 자유로운 사상과 풍부한 감성을 보여 주는 서정시를 많이 남겼습니다.

희망은 가난한 인간의 빵이다.

— 탈레스

힘들고 가난한 사람은 그만큼 쓰러지기도 쉽습니다. 현실에서 희망을 갖기가 어렵기 때문이지요. 하지만 희망은 가난한 이들에게 곧 빵(먹을 것)과도 같은 것입니다. 먹을 것이 있으면 버텨 나갈 수 있듯이 희망이 있는 사람은 결코 좌절하지 않을 테니까요.

탈레스(B.C.640?-B.C.546?)
고대 그리스의 철학자. 역사상 최초의 기하학자, 천문학자, 철학자로 꼽히며 '만물의 근원은 물이다.'라는 주장을 펼쳤습니다. 개기 일식이 일어날 것을 예언했고, 피라미드의 높이를 측정했으며, 바다 위에 떠 있는 배의 거리를 측정하는 등 측량 기술을 도입하여 기하학의 기초를 세웠습니다.

절망이 없다면 희망도 없다.

— 카뮈

자신에게 계속해서 나쁜 일이 겹쳐 일어난다면 누

구나 좌절하고 절망하게 될 것입니다.

그렇지만 그런 경우에도 다시 힘을 낼 수 있는 것은 바로 희망이 있기 때문입니다. 절망과 희망은 동떨어져 있는 것 같지만 사실은 늘 함께 있으니까요.

비록 어려운 일로 좌절하게 되고 실망하게 되더라도 희망을 갖고 힘을 내세요.

카뮈(1913-1960)

프랑스의 극작가이자 소설가. 알제리의 몽도비에서 태어났습니다. 1957년 노벨 문학상을 받은 뒤 다음 작품을 준비하다가 교통 사고로 세상을 떠났습니다. 〈이방인〉, 〈시시포스의 신화〉, 〈페스트〉, 〈반항적 인간〉 등의 작품을 남겼습니다.

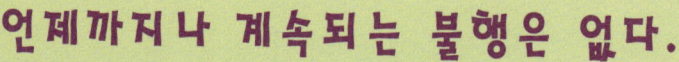

언제까지나 계속되는 불행은 없다.

— 롤랑

사람들은 여러 가지 이유로 자신이 불행하다고 느낍니다. 그리고 그 불행이 오랫동안 지속될까 봐 두려워하며 좌절하기도 합니다.

그러나 불행이 닥쳤다고 해도 마음을 굳게 먹고 그것을 극복하기 위해 노력한다면 어떤 어려움도 충분히 이겨 낼 수 있습니다.

여러분에게 지금 어떤 어려움이 있다고 해도 결코 좌절하지 마세요. 자신의 의지와 노력만 있다면 불행은 절대 계속되지 않을 테니까요.

롤랑(1866-1944)
프랑스의 소설가. 〈장 크리스토프〉라는 작품으로 1915년 노벨 문학상을 수상했습니다. 인간을 깊이 사랑하고 이해하려는 마음이 담긴 작품을 많이 남겼습니다.

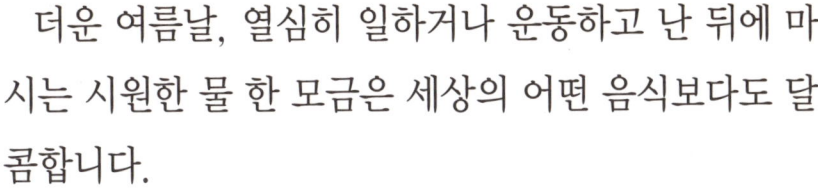

고통 뒤의 즐거움은 달콤하다.
존 드라이든

더운 여름날, 열심히 일하거나 운동하고 난 뒤에 마시는 시원한 물 한 모금은 세상의 어떤 음식보다도 달콤합니다.

즐거움도 물과 같습니다. 즐거움이 계속될 때는 그 가치를 잘 모릅니다. 그러나 심한 고통 뒤에 오는 즐

거움은 그 어떤 즐거움보다 훨씬 달콤하고 행복하게 느껴지지요.

지금 당장 고통이 있더라도 너무 슬퍼하지 마세요. 그보다 몇 배나 큰 즐거움이 기다리고 있을 테니까요.

존 드라이든(1631-1700)
영국의 시인이자 극작가. '영국 비평 문학의 아버지'로 불리기도 합니다. 정치 풍자시 〈아브살롬〉과 〈아키트겔〉, 희곡 〈그라나다의 정복〉 등을 남겼습니다.

폭풍은 참나무가 더욱 뿌리를 깊게 박도록 한다.

허버트

폭풍이 몰아치면 참나무는 쓰러지지 않기 위해 더 힘껏 땅에 버티게 됩니다.

사람도 마찬가지입니다. 어려운 일을 하나씩 이겨 나가면서 더욱 강하고 튼튼하게 자라게 되지요.

허버트(1593-1633)
영국의 시인. 평생을 시골에서 성직자로 살았습니다. 주로 종교적인 주제를 다룬 성스러운 시를 많이 썼습니다. 〈성당〉 등의 시집을 남겼습니다.

노동이 신체를 굳세게 만들 듯이 고난은 정신을 굳세게 만든다.

— 세네카

일을 하면 사람의 몸이 건강하고 단단해지듯이 어려운 일은 사람의 정신을 더욱 굳세고 성숙하게 만드는 법입니다.

사람은 많은 일을 겪고 그 일에서 느끼는 경험을 통해 성숙해지지요. 어려운 일이 다가오더라도 '이번

일로 내가 더 성숙해질 수 있다.'고 생각한다면 그 일을 이겨 나가는 것이 결코 힘들지만은 않을 것입니다.

세네카(?-?)
고대 로마의 철학자. 로마에서 수사학과 철학을 공부하고 네로 황제의 스승이 되었습니다. 그러나 네로가 포악해지자 스승의 자리에서 물러나 학문 연구와 문필 활동에만 전념했습니다. 〈행복한 생활에 대하여〉, 〈마음의 안정에 대하여〉, 〈노여움에 대하여〉 등 많은 저서를 남겼습니다.

청년은 미래가 있다는 것만으로도 행복하다.

— 고골리

젊은이들에게는 자신의 꿈을 펼칠 수 있는 무한한

가능성이 있습니다. 아무리 힘들고 고통스러운 일이 생기더라도 내일이 있기 때문에 희망을 갖고 행복을 꿈꿀 수 있는 것이죠.

고골리(1809-1852)
러시아의 소설가이자 극작가. 당시의 사회 현실을 풍자한 작품을 많이 썼고, 나이가 든 뒤에는 종교적인 작품을 많이 썼습니다. 〈죽은 영혼〉, 〈광인 일기〉, 〈외투〉, 〈코〉 등의 작품을 남겼습니다.

고통이 없으면 진정한 즐거움은 없다.
— 헬렌 켈러

헬렌 켈러는 2세 때 심한 열병을 앓아 눈이 멀고, 귀가 안 들리고, 말을 못하는 장애인이 되었습니다.
그러나 설리번 선생님의 도움으로 공부를 시작하여 미국의 명문인 하버드 대학에까지 입학하게 됩니다. 이로써 헬렌 켈러는 대학 교육까지 받은 세계 최초의 맹농아자가 되지요.

　헬렌 켈러는 이후에도 많은 사회 사업을 통해 전세계 장애인들에게 희망을 주었습니다.

　보지도, 듣지도, 말하지도 못했던 그녀의 고통을 생각해 보세요.

　그리고 그것을 이겨내고 얻었을 즐거움을요. 여러분에게 닥친 어려움도 힘차게 털어낼 수 있을 거예요.

헬렌 켈러(1880-1968)
미국의 저술가이자 교육가. 2살이 되던 해 '성홍열'이라는 열병으로 귀머거리, 소경, 벙어리가 되었으나 설리번 선생에게 교육을 받아 대학까지 졸업하였습니다. 그 후 유럽과 아시아 등을 다니면서 장애인의 교육과 사회 사업을 위한 기금 모금에 앞장섰습니다.

도중에서 포기하지 말라. 망설이지 말라. 최후의 성공을 거둘 때까지 밀고 나가라.
카네기

　어린 시절 몹시 가난하게 자랐던 카네기는 청소년 시절에 전보 배달부 일을 하기도 했습니다.

그는 전보 배달부가 되자마자 전보를 받을 회사에 다니는 사람들의 얼굴을 하나하나 익히기 시작했습니다. 다른 곳에서 배달을 하다가 혹시라도 그 회사에 다니는 사람을 만나면 그 자리에서 전보를 전해 주어야겠다고 생각했기 때문입니다.

이러한 카네기의 노력으로 그는 다른 사람보다 더 빨리, 많은 양의 전보를 전할 수가 있었습니다.

그러던 어느 월급날, 국장은 카네기를 따로 불렀습니다. 그리고는 월급 외에 2달러 25센트를 더 주면서 이렇게 말했습니다.

"자네가 일을 너무 잘 해서 특별히 더 주는 거라네."

그 날 카네기는 잠을 이루지 못할 정도로 기뻤습니다. 그 기쁨은 어려운 환경을 탓하지 않고 스스로의 힘

으로 성공을 위해 열심히 노력한 대가였습니다.

카네기(1835-1919)

미국의 실업가. 강철왕으로 유명합니다. 1864년에 철도 레일 회사를 세워 세계 최대의 철공장 주인이 되었습니다. 1901년에는 회사를 미국 제강 회사에 넘기고 '카네기 재단'을 만들어 사회 사업에 앞장섰습니다.

> **희망은 이를 추구하는 자를 결코 버리지 않는다.**
>
> — 플레처

'하늘은 스스로 돕는 자를 돕는다.'는 말이 있지요. 희망을 간직한 사람에게는 그 희망대로 일이 되어 가는 법이랍니다. 희망을 품은 사람은 그 희망을 위해 늘 노력하기 때문이지요.

플레처(1579-1625)
영국의 극작가. F. 보먼트와 함께 작업을 하며 많은 희곡을 썼습니다. 대표작으로는 〈필레스터〉, 〈처녀의 비극〉 등이 있습니다.

지혜는 고통을 통해서 생긴다.
아이스킬로스

어린아이들은 한 번씩 크게 아프고 나면 몸이 쑥쑥 자란다고 합니다. 정신도 몸과 마찬가지입니다. 커다란 슬픔이나 고통을 한 번씩 겪고 나면 훨씬 성숙해지고 지혜로워지지요.

만일 여러분에게 마음의 고통을 주는 일이 생긴다고 해도 기운을 잃지 마세요. 모든 일이 여러분의 마

음과 지혜를 자라게 하는 데 큰 역할을 하는 것이니까요.

아이스킬로스(B.C.525-B.C.456)
고대 그리스의 작가. 아테네 근처의 엘레우시스에서 태어나 페르시아 전쟁에 참전하기도 했습니다. 지금까지 전해지는 작품으로는 〈아가멤논〉, 〈애원하는 사람들〉, 〈페르시아 인〉 등 7편이 있습니다.

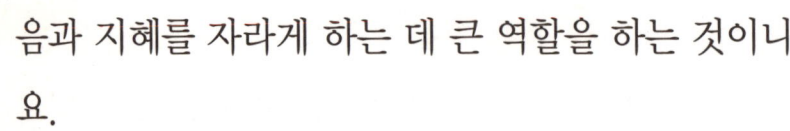

고난이 있을 때마다 그것이 참된 인간이 되어 가는 과정임을 기억해야 한다.
— 괴테

어려운 일이 생기면 아무 일도 하지 못하고 무작정 주저앉아 버리는 사람들이 있습니다. 그렇지만 어려움을 겪지 않고 사는 사람은 없습니다. 오히려 남들보다 고난을 많이 겪은 사람들은 그만큼 성숙해지고 단단해집니다.

괴테(1749-1832)
독일의 시인, 문학가, 과학자, 정치가. 스물다섯 살 때 〈젊은 베르테르의 슬픔〉

을 발표하여 세계적으로 유명해졌습니다. 실러와 함께 독일의 고전주의 시대를 이룩하는 데 큰 공을 세웠으며, 그가 쓴 시극 〈파우스트〉는 그를 세계적인 대시인으로 만들었습니다. 작품으로는 〈항해〉, 〈달에 붙여서〉 등이 있습니다.

고난이 없으면 성공도 없다.
— 소포클레스

링컨 대통령은 어린 시절 너무나 가난해서 책 한 권

마음대로 읽을 수가 없었습니다. 강철왕 카네기는 학교도 제대로 다니지 못한 채 여러 가지 직업을 전전해야 했지요.

그러나 두 사람 모두 대통령과 기업가로 큰 성공을 거두었습니다. 그들의 성공에는 많은 역경과 고생이 밑거름이 된 것이지요.

어려움이 때로는 성공으로 가는 계단이 될 수 있다는 사실을 잊지 마세요.

소포클레스(B.C.496-B.C.406)
고대 그리스의 시인이자 극작가. 아이스킬로스, 에우리피데스와 더불어 '그리스 3대 비극 작가' 중의 한 사람입니다. 123편의 많은 작품을 썼다고 하나 지금까지 전해지는 것은 〈엘렉트라〉, 〈오이디푸스 왕〉 등 7편에 불과합니다.

> 꿈을 가져라. 그러면 어려운 현실을 이길 수 있다.
> — 릴케

혹시 지금 여러분에게 참을 수 없을 정도로 힘든 일

이 있나요? 만일 그렇다면 눈을 감고 즐거운 생각을 해 보세요. 여행을 가는 생각도 좋고, 친구들과 어울려서 재미있게 노는 모습도 좋습니다. 아니면 지금의 어려운 일을 이겨내고 환하게 웃고 있는 자기의 모습을 그려 보는 것도 좋겠지요.

릴케(1875-1926)

독일의 시인이자 소설가. 체코의 프라하에서 태어나 프라하, 뮌헨, 베를린 대학에서 공부하고 일찍부터 아름다운 마음이 담긴 서정시를 많이 썼습니다. 〈말테의 수기〉, 〈형상 시집〉, 〈오르페우스에게 바치는 소네트〉 등의 작품을 남겼습니다.

쉬어가는 이야기 첫번째

앵두를 거절한 진짜 이유

강철왕 카네기의 어린 시절 이야기입니다.

어느 날, 카네기는 어머니를 따라 식료품 가게에 갔습니다. 어머니는 가게에 있는 많은 식료품 가운데 필요한 것들을 고르고 있었지요.

그런데 카네기는 멀찍한 곳에 있는 앵두 바구니 앞에 서서 군침만 삼키고 있었습니다. 그 모습을 보고 있던 할아버지는 싱긋 미소를 지으며 이렇게 말했습니다.

"이런, 앵두가 먹고 싶었던 게로구나. 자, 먹고 싶으면 한 줌 집어라."

그러나 카네기는 손을 뻗지 않고 서 있기만 했습니다.

"어허, 이 녀석아, 괜찮대두 그러는구나. 어서 한 줌 집어."

할아버지는 카네기의 팔을 잡아 끌며 말했습니다.

그러나 카네기는 고개만 좌우로 흔들 뿐 아무 말도 하지 않고 앵두도 집지 않았습니다. 그 모습을 보다 못한 어머니가 카네기에게 한 마디 했습니다.

"얘야, 할아버지께서 허락하셨으니까 괜찮아. 어서 한 줌 집으렴."

그러나 카네기는 고개를 절레절레 흔들며 말했습니다.

"아니에요, 엄마."

주인 할아버지는 그런 카네기의 모습을 보며 흐뭇한 미소를 지었습니다. 다른 아이들이라면 얼른 한 줌 집어 주머니에 넣으려 할 텐데 끝까지 고개를 젓는 모습이 의젓해 보였기 때문이지요.

그래서 할아버지는 얼른 앵두를 한 주먹 집어서 카네기의 주머니에 넣어 주셨습니다. 그러자 카네기는 쑥스러운 듯 미소를 지으며 감사의 인사를 드렸습니다.

가게를 나오자 어머니는 타박을 하듯 말했습니다.

"얘, 너 할아버지가 앵두를 집으라고 하실 때 왜 그렇게 고집을 피웠니?"

그러자 카네기는 빙긋 웃으면서 이렇게 말했습니다.

"엄마, 내 손보다 할아버지 손이 훨씬 더 크잖아요. 내 손으로 앵두를 집는 것보다 할아버지가 집어 준 앵두가 훨씬 더 많을 것 아니에요?"

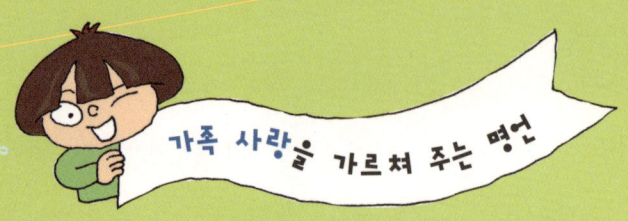

가족 사랑을 가르쳐 주는 명언

서로 돕는 형제는 단단한 성과 같다.
— 성서

형제들끼리 사이가 좋으면 남들로부터 큰 부러움을 삽니다. 또한 사이 좋은 형제들에게는 그 누구도 함부

로 대하지 못하지요. 이와 같이 형제 사이의 깊은 우애는 성처럼 단단하게 서로를 지켜 주고 살아가는 데 커다란 힘이 됩니다.

성서

유대교 및 그리스도교의 경전으로 구약 성서 39권과 신약 성서 27권으로 이루어져 있습니다. 성서에는 이스라엘의 역사와 율법, 선지자들의 예언 등 다양한 내용이 들어 있습니다.

신체는 부모님에게서 받는다.
감히 훼손하지 않는 것이
효의 시작이다.

효경

우리의 몸과 마음은 부모님에게서 받는 것이지요. 그렇기 때문에 우리의 조상들은 몸에 흠을 내지 말아야 효도를 하는 것이라고 굳게 믿었답니다.

몸에 상처를 내지 않기 위해 조심하는 것은 물론이고, 자라는 머리카락도 부모님에게서 받은 것이라 자

를 수가 없었습니다. 또한 아무리 몸이 아파도 수술을 할 수 없었지요.

물론 지금은 옛날과 같이 머리를 기르고 몸에 흠을 내지 않는 것이 효도의 시작이라고 생각하지는 않습니다. 그러나 우리가 심하게 다치거나 병을 얻게 되면 부모님의 걱정과 염려는 이루 말할 수 없이 큽니다.

자신의 몸을 소중하게 생각하고 건강하게 지내는 것이 바로 가장 큰 효도라는 사실을 잊지 마세요.

효경
유교 경전의 하나로 공자가 제자인 증자에게 효도에 관해서 질문하고 답한 것을 모아 엮은 책입니다. 효도의 근본적인 의의와 효도하는 방법, 효도가 얼마나 위대한

지에 대한 내용을 담고 있습니다.

> 부모를 왕의 자리에 오르게 한다 해도
> 그 은혜는 다 갚지 못한다.
>
> ↳ 석가모니

　왕이 된다는 것은 세상의 모든 것을 얻는다는 말과 같습니다. 부모님에게 세상의 모든 것을 다 드리더라도 그 은혜를 갚을 수 없다는 말은 그만큼 부모님의 은덕이 넓고 깊다는 의미이지요.

　여러분도 부모님께 입은 은혜를 한 번 생각해 보세요. 그리고 부모님이 얼마나 고마운 분인지 다시 한

번 느껴 보세요.

석가모니(B.C.623?~B.C.544?)
고대 인도의 사상가로 본명은 고타르 싯다르타입니다. 불교의 창시자이며 히말라야 산맥 기슭에 있는 가비라국의 왕자로 태어났으나 29세 때부터 우주 만물에 대한 의문을 풀기 위해 궁궐을 떠나 수행을 시작했습니다. 6년만에 진리를 깨닫고 부처가 되었으며, 세계 4대 성인 중의 한 사람이 되었습니다.

여자는 약하지만 어머니는 강하다.
— 셰익스피어

몇 년 전 삼풍 백화점이 무너졌을 때의 일입니다. 수많은 사람들이 무너진 건물 밑에 깔려 죽어갔고, 다쳐서 병원으로 실려가기도 했지요.

그 때 죽어간 많은 사람들 가운데 가슴을 찡하게 하는 모습이 있었습니다. 유모차에 탄 아기를 끌어안고 죽은 엄마의 모습이었지요.

그렇게 하면 자신의 목숨을 잃는다는 것을 알면서도 마지막까지 아기를 꼭 끌어안은 것이지요.

여자들은 남자보다 힘도 약하고 마음도 약한 경우가 많습니다. 그렇지만 자식을 가진 어머니들은 그 누구보다 큰 힘과 용기를 가지고 있습니다. 그 힘은 운동을 하거나 영양가 있는 음식을 먹어서 생기는 힘과는 다릅니다. 오직 자식을 사랑하는 마음에서 우러나오는 힘이지요.

셰익스피어(1564-1616)
영국의 시인이자 극작가. 세계 문학의 최고봉이라고 불립니다. 〈햄릿〉, 〈오셀로〉, 〈맥베스〉, 〈리어 왕〉의 4대 비극과 〈말괄량이 길들이기〉, 〈베니스의 상인〉, 〈한여름 밤의 꿈〉 등 여러 희곡 작품을 남겼습니다.

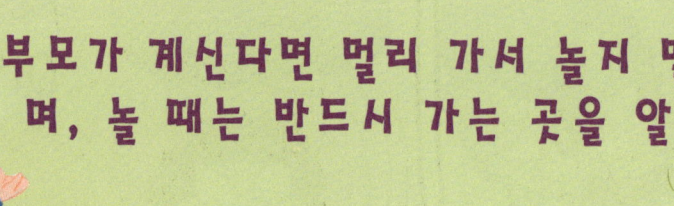

> 부모가 계신다면 멀리 가서 놀지 말 것이며, 놀 때는 반드시 가는 곳을 알린다.
>
> — 공자

자식이 밖에 나가서 오랜 시간이 지나도 들어오지 않으면 부모님은 걱정을 하십니다. 특히 어디에 가는지 알려 드리지 않고 나가거나 간다고 한 곳에 없을 경우 부모님의 걱정은 점점 더 커지지요.

부모님께 걱정을 끼쳐 드리는 것은 무엇보다도 큰 불효입니다.

여러분도 이 가르침을 명심하고 밖에 나가 놀 때에는 꼭 부모님께 가는 곳을 알려 드리도록 하세요.

공자(B.C.552~B.C.479)
중국 춘추 시대의 학자이자 사상가로 유교의 사상을 집대성했습니다. 55세 때는 노나라의 재상이 되기도 했으나 곧 정치를 그만두고 제자들을 키우는 데 힘을 쏟았습니다. 대표적인 저서로 〈논어〉가 있습니다.

아무리 화려한 궁전이라도
초라한 내 집만한 곳은 없다.

— 페인

화려하고 멋진 집을 보게 되면 누구나 부러운 마음이 들게 마련이지요. '이런 집에서 한 번 살아 봤으면 좋겠다.'고 생각하기도 하지요.

그렇지만 만일 내 집이 아닌 다른 곳에서 살게 된다면 얼마 지나지 않아 자신의 집을 그리워하게 될 것입

니다. 그 곳이 아무리 좋은 집이라고 해도 말입니다.

비록 누추하고 초라한 집이라고 해도 내 가족의 사랑이 있고, 편안한 분위기가 있고, 내가 즐겨 쓰고 아끼던 물건들이 있는 나의 집, 그 곳이 바로 이 땅에서의 천국이기 때문이지요.

페인(1737-1809)

영국의 사상가. 1774년에 미국으로 이주해 혁명군으로 활동하기도 했습니다. 나중에는 프랑스로 건너가 〈인간의 권리〉라는 글을 써서 프랑스 혁명을 지지했습니다. 프랑스 국민 공회 의원이 되었지만 신을 믿지 않는 사람이라는 오해를 받아서 옥살이를 하기도 했습니다.

가족들이 서로 주고받는 미소는 기분이 좋다. 특히 서로의 마음을 굳게 믿고 있을 때에는…….

키블

내가 만일 큰 죄를 저질렀다면 다른 사람들은 나를 어떻게 생각할까요? 아마 손가락질을 하며 수군거리거나 나쁜 사람으로 몰아서 따돌릴지도 모릅니다.

그렇지만 가족들은 그렇지 않습니다. 내가 힘들고 어려울 때 더 이해해 주고 감싸 주는 이들이 바로 가족이지요. 가족들이 어려울 때 더 큰 힘이 되어 줄 수 있는 이유는 가족 간에는 서로에 대한 사랑과 믿음이 있기 때문입니다.

오늘 여러분의 가족들에게 따뜻하게 미소를 지어 보세요. 나의 곁에서 영원히 나를 아끼고 믿어 줄 가족들에게 감사의 마음을 전해 보세요.

키블(1792-1866)
영국의 신학자이자 시인. 옥스퍼드 대학을 졸업한 후 아버지가 있는 교회에서 부목사로 일했습니다. 옥스퍼드 대학의 교수로 일하기도 했으며, 〈라틴 시인〉, 〈그리스도교 신자〉 등의 저서가 있습니다.

우리가 사랑하는 곳은 집이다. 발은 떠나도 마음이 떠나지 않는 곳이 우리의 집이다.
— 홈스

금강산 관광이 시작되었을 때 북쪽에 고향을 둔 사

람들은 너나없이 금강산 관광을 떠나기 위해 애를 썼습니다. 비록 자신의 고향집은 아니지만 그 가까이에라도 가 보고 싶은 마음에서였지요.

집과 고향을 떠나 있는 사람들은 몸은 떨어져 있어도 마음은 늘 집을 향해 있습니다.

집을 떠난 지 오래된 사람일수록 그리워하는 마음이 더욱 크겠지요.

홈스(1841-1935)

미국의 법률가이자 법관. 하버드 대학을 졸업한 뒤 남북 전쟁에 참가하였으며, 1867년 변호사가 되었습니다. 이후 하버드 대학 법률학 교수, 매사추세츠 최고 재판소의 판사를 거쳐 미연방대법원의 판사로 임명되었습니다.

> 아이를 사랑하거든 매를 많이 주고,
> 미워하는 아이에게는 먹을 것을 많이 준다.
> — 명심보감

　우리 속담 중에 '고운 자식 매 한 대 더 때리고 미운 자식 떡 하나 더 준다.'는 말이 있습니다.

　위의 명언이 이 속담과 같은 의미입니다.

　부모님은 자식에게 무조건적인 사랑을 베푸십니다. 하지만 자식이 사랑스럽다고 해서 잘못된 말이나 행동을 무조건 감싸 주고 덮어 두기만 한다면 그 자식은 바르게 성장할 수 없겠지요.

　사랑하는 아이일수록 엄하게 키워야 인격을 갖춘 큰 그릇으로 자라게 할 수 있습니다.

　아이의 입장에서는 엄한 부모님이 원망스러울지 몰라도 시간이 흘러 어른이 되고 난 뒤에는 매를 드셨던 부모님의 참 가르침을 깨닫게 될 것입니다.

명심보감
마음을 다스리는 방법과 사람이 살아가는 데 꼭 필요한 도리를 적어 놓은 책입

니다. 고려 충렬왕 때 학자 추적이 중국의 여러 책에서 163개의 문장을 골라 엮었다고 전해집니다. 옛날 어린아이들이 공부를 할 때 이 책을 널리 썼습니다.

> 자기 부모를 섬길 줄 모르는 사람과는 벗하지 말라. 왜냐 하면 그는 인간의 첫걸음을 벗어났기 때문이다.
> — 소크라테스

사람이 동물과 다른 점은 예의와 도리를 지킬 줄 안다는 것입니다. 그 예의와 도리 중에서도 가장 기본적인 것이 효도입니다.

자신을 낳고 길러 주신 부모님을 섬기는 것은 특별히 누가 시키지 않아도 마땅히 해야 하는 일이지요.

한 마디로 효도를 모르는 사람은 사람으로 대접받을 자격

이 없다는 뜻입니다.

효도는 특별한 사람만 하는 것이 아닙니다. 늘 부모님의 사랑을 생각하며 감사한 마음을 갖도록 하세요.

소크라테스(B.C.470-B.C.399)
고대 그리스의 철학자입니다. 그는 사람들에게 '너 자신을 알라.'고 말하며 지식과 행동이 일치하도록 가르쳤습니다. 그러나 70세쯤 되었을 때 억울하게 고소를 당해 사형을 선고받고 죽었습니다.

> 자식이 효도하면 어버이는 즐겁고,
> 집안이 화목하면 모든 일이 이루어진다.
> — 명심보감

효도는 우리가 당연히 해야 할 도리인데도 부모님은 우리들의 작은 효도에 큰 기쁨을 느끼십니다.

또한 화목한 가정은 부모와 자식이 서로를 사랑하는 가운데 이루어지지요.

가정의 화목은 사람의 마음을 안정시켜 줍니다. 그래서 바깥에서 힘들고 어려운 일이 생기더라도 가족

들의 사랑으로 그것을 이겨나갈 수 있게 되지요.

효도가 모든 예의와 도리의 근본이듯이 가정의 평화는 모든 일을 이루어가는 기본이 되는 것입니다.

명심보감
마음을 다스리는 방법과 사람이 살아가는 데 꼭 필요한 도리를 적어 놓은 책입니다. 고려 충렬왕 때 학자 추적이 중국의 여러 책에서 163개의 문장을 골라 엮었다고 전해집니다. 옛날 어린아이들이 공부를 할 때 이 책을 널리 썼습니다.

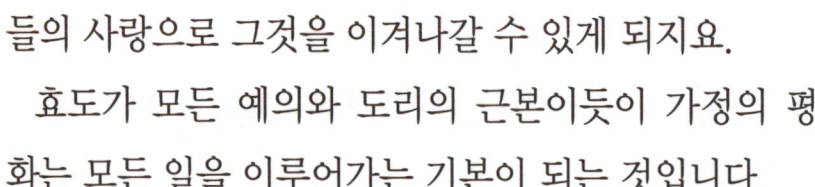

내가 성공을 했다면 그 이유는
오직 천사 같은 어머니 덕분이다.
— 링컨

성공한 사람들은 자신의 능력만을 믿고 자만하는 경우가 많습니다. 또 성공하기까지 주변에서 도와 준 사람들을 잊어버리곤 하지요.

그러나 링컨은 자신이 성공한 이유가 오직 어머니 덕분이라고 했습니다. 링컨의 어머니는 남들보다 더 많이 배운 분도 아니었고, 링컨이 충분한 교육을 받을

수 있도록 넉넉히 뒷바라지를 해주지도 못했습니다. 그저 평범한 시골 아줌마일 뿐이었지요.

그러나 링컨은 자신을 위해 늘 기도하면서 자식이 잘되기만을 바랐던 어머니의 정성을 잘 알고 있었습니다. 그렇기 때문에 자신의 성공 비결이 바로 어머니였다고 당당하게 밝힐 수 있었던 것입니다.

여러분은 어머니의 정성과 사랑을 얼마나 느끼고 있나요? 여러분이 모르는 사이에도 어머니는 늘 여러분의 생각을 하고 계신답니다.

링컨(1809-1865)
미국의 제16대 대통령. 가난한 집안에서 태어났으나 열심히 노력하여 변호사가 되었습니다. 1860년에 대통령에 당선되었으며, 대통령이 되자마자 노예 제도를 폐지하는 등 많은 업적을 남겼습니다.

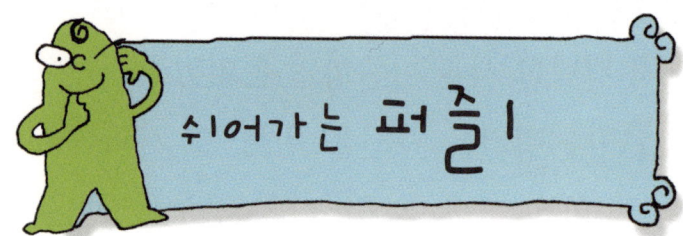

★ 해답은 48쪽에 있어요.

가로 열쇠

1. 사계절 중 가장 추운 계절. ○○이 오면 봄이 멀지 않았다.
4. 분하여 몹시 성냄.
6. 예수 그리스도의 인격, 교훈을 그 중심 내용으로 하는 종교
8. 마음에 느끼는 생각이나 의견. 고귀한 ○○을 가지고 있는 사람은 언제나 외롭지 않다.
9. 자기를 가르쳐 이끌어 주는 사람. 곤란은 가혹한 ○○이다.
11. 몸이 튼튼하고 병이 없음. ○○한 신체에 건전한 정신이 깃들인다.
13. 유럽의 남쪽에 있는 나라. 아이스킬로스, 탈레스, 소포클레스 등이 이 나라의 사람이지요.
15. 철학을 전문적으로 연구하는 사람

세로 열쇠

2. 가슴 가득히 쌓인 분한 마음
3. 기독교, 불교, 이슬람교 등을 통틀어 이르는 말
5. 1896년 노벨의 유언에 따라 인류의 행복에 가장 큰 공헌을 한 사람에게 주는 상
7. 독이 들어 있는 가스
8. 높은 곳에 올라가기 위해 쓰는 도구
10. 승리한 사람
12. 잘 휘어지지 않고 녹슬지 않는 단단한 철
14. 절에서 도를 닦는 사람. 중이라고도 하지요.
16. 학생을 가르치는 교육 기관

¹겨	²울					³종
	⁴분	⁵노		⁶기	⁷독	교
		벨			가	
	⁸사	상		⁹가	스	¹⁰승
	다		¹¹건	¹²강		리
¹³그	리	¹⁴스		¹⁵철	¹⁶학	자
		님			교	

3장

최선을 다해 노력하라

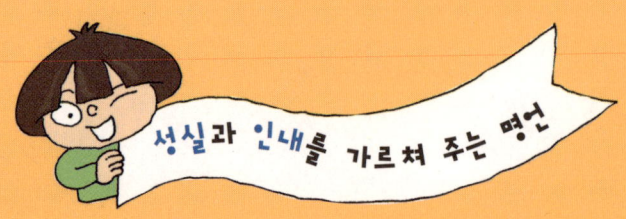

성실과 인내를 가르쳐 주는 명언

> 부지런히, 부지런히, 부지런히. 게으름을 한평생의 가장 무서운 적으로 삼아라.
>
> — 최남선

옛날 어른들 말씀에 '서 있으면 앉고 싶고, 앉으면 눕고 싶고, 누우면 자고 싶다.' 라는 말이 있습니다.

사람들은 누구나 더 편하고 쉬운 길을 가고 싶어합니다. 그렇지만 공부도, 일도 하지 않고 평생 편하게만 사는 사람에겐 좋은 결과가 있을 리 없습니다.

반대로 남들이 쉬는 시간에도 부지런히 일을 하는 사람은 노력한 만큼의 결과를 얻을 수 있지요.

게으름은 나의 시간을 갉아먹는 나쁜 습관입니다.

게으름에 빠지지 않도록 노력하세요.

최남선(1890-1957)
문학가이자 역사가. 1908년 잡지 〈소년〉을 펴냈으며 이 잡지를 통해 우리 나라 최초의 신체시 〈해에게서 소년에게〉를 발표했습니다. 3·1운동 때는 독립선언서를 썼다고 해서 옥살이를 하기도 했습니다. 〈조선 역사〉, 〈고사통〉, 〈조선독립운동사〉, 〈백팔번뇌〉 등의 책을 펴냈습니다.

> 그 날의 일을 그 날 해치우는 것이 나의 일상 규칙이다.
> — 웰링턴

이 말을 한 웰링턴은 군인이었습니다. 군인의 가장 큰 특징은 규칙을 잘 지킨다는 것이지요. '그 날의 일을 그 날 한다.'는 것, 즉 오늘의 일을 내일로 미루지 않는 것은 말처럼 쉬운 일이 아닙니다.

웰링턴은 이 말을 자신의 규칙으로 삼고 전투에 임할 때처럼 강한 정신력으로 그것을 지키기 위해 애썼습니다.

그 결과 그는 나폴레옹과의 전투에서도 승리했고,

정치가로서도 큰 일을 해낼 수 있었던 것이지요.

웰링턴(1769-1852)
영국의 군인이자 정치가. 1787년에 육군에 입대하여 94년에는 프랑스군과 싸웠습니다. 1813년에는 공작 작위를 받았으며, 1815년에는 나폴레옹의 군대와 맞서서 이겼습니다. 그 뒤에는 정치가로 큰 활약을 했습니다.

반드시 해야 할 일을 하지 않으면 무엇 하나 이룰 수 없다.
― 맹자

　많은 사람들은 성공의 길이 아주 멀리 있다고 생각합니다. 그리고 성공을 하기 위해서는 남들과는 다른 뛰어난 능력으로 어려운 일을 해야 한다고도 생각합니다.

　그러나 큰 일을 이루기 위해서는 아주 기본적인 일에서부터 차근차근 계단을 밟듯 올라서야 합니다. 너무 큰 욕심을 부리느라 계단을 건너뛰려 하면 나중에는 힘이 들어 끝까지 오르지 못하게 되지요.

세계적인 대학자들도 처음에는 글읽기부터 시작했고, 실력 있는 운동 선수들도 달리기부터 시작했지요. 처음과 중간이 없으면 끝도 없습니다. 자신에게 다가오는 일들을 성실하게 해낸다면 언젠가는 큰 성공으로 되돌아올 것입니다.

맹자(B.C.372~B.C.289)
중국 춘추 전국 시대의 사상가. 공자의 손자인 자사 밑에서 학문을 닦았습니다. 나이가 들어서는 고향으로 돌아가 제자들의 교육에만 힘썼습니다. 그가 남긴 〈맹자〉는 유교 경전 중의 하나로 손꼽힙니다.

> 굶주림은 전혀 일하지 않고
> 빈둥거리는 자의 길동무이다.
>
> — 헤시오도스

성실하고 부지런하게 일하는 사람들은 일한 만큼의 대가를 받습니다. 그러나 일하지 않고 빈둥거리는 사람들에게는 그 어떤 대가도 없습니다. 게으르고 나태한 사람에게 주어지는 것은 굶주림뿐입니다.

헤시오도스(B.C.740-B.C.670년경)
고대 그리스의 서사시인. 대표작으로는 〈노동과 나날〉, 〈신통기〉, 〈명부전〉 등이 있습니다.

작은 일을 참지 못하면 큰 일을 이루지 못한다.

― 공자

탈무드에 나오는 이야기입니다.

한 랍비가 안식일을 준비하기 위해 몸을 한창 씻고 있었습니다. 그 때 어떤 사람이 다급하게 랍비의 집 문을 쿵쿵 두드렸습니다.

랍비는 급히 몸을 수건으로 닦으며 문을 열었습니다. 밖에는 한 사내가 서 있었습니다.

"선생님, 사람의 머리는 왜 둥근 것인가요?"

정말 얼토당토 않은 질문이었지만 랍비는 친절하게 설명을 해주고 다시 집 안으로 들어갔습니다.

그리고는 목욕탕으로 가 다시 목욕을 하기 시작했습니다. 그런데 그 때 다시 누군가가 문을 두드리는 소리가 났습니다.

이번에도 랍비는 급히 몸을 닦고 밖으로 나갔습니다.

"선생님, 검둥이는 왜 피부가 검습니까?"

아까 그 사내였습니다. 랍비는 이번에도 친절하게 설명을 해주고 집 안으로 들어갔습니다.

이런 일이 다섯 번이나 계속되었습니다. 그러나 랍비는 얼굴을 찌푸리거나 화를 내지 않고 모든 질문에 친절하게 답을 해주었습니다.

그 랍비는 나중에 유대인의 역사에 길이 남는 훌륭한 사람이 되었습니다. 그가 큰 인물이 된 바탕에는 작은 일에 화내지 않고 참을 줄 아는 마음이 있었던 것이지요.

작은 일을 참지 못하면 큰 일을 이룰 수 없습니다. 사소한 일을 참지 못하고 화낸 적은 없는지 잘 돌이켜 보세요.

공자(B.C.552-B.C.479)
중국 춘추 시대의 학자이자 사상가로 유교의 사상을 집대성했습니다. 55세 때는 노나라의 재상이 되기도 했으나 곧 정치를 그만두고 제자들을 키우는 데 힘을 쏟았습니다. 대표적인 저서로 〈논어〉가 있습니다.

> 행운은 장님이 아니다. 대부분의
> 경우에는 부지런한 사람을 찾아간다.
>
> — 클레망소

　나폴레옹은 키도 작고 외모도 보잘것 없었습니다. 그렇지만 장군이 되어 계속해서 전쟁에 승리하고 나중에는 황제의 자리에까지 올랐습니다. 이런 그를 두고 많은 사람들은 운이 좋은 사람이라고 말했습니다.

　그렇지만 나폴레옹의 성공은 운만으로 이루어진 것은 아니었습니다. 어린 시절부터 군인 학교에서 열심히 공부하고 노력하여 기른 능력이 어른이 되었을 때 충분히 발휘되었기 때문에 가능한 일이었지요.

　행운은 저절로 굴러들어오는 것이 아닙니다. 스스로 노력하는 사람만이 행운을 얻을 수 있는 것입니다.

클레망소(1841-1929)
프랑스의 정치가. 1906-1909년에 수상을 지냈으며 제1차 세계 대전 중인 1917년 76세의 나이로 다시 수상이 되어 프랑스를 승리로 이끌었습니다. 〈데모스테네스〉, 〈내 사색의 황혼〉, 〈승리의 명예와 비참〉 등의 책을 남겼습니다.

직업에는 귀천이 없다.

— 헤시오도스

세상에는 많은 직업이 있습니다. 우리는 때로 직업에 따라서 사람을 평가하기도 합니다.

그렇지만 직업에는 귀하고 천한 것이 없습니다. 왜냐 하면 어떤 일이든지 우리가 사는 세상에 꼭 필요한 것들이기 때문이지요.

헤시오도스(B.C.740~B.C.670년경)
고대 그리스의 서사시인. 대표작으로는 〈노동과 나날〉, 〈신통기〉, 〈명부전〉 등이 있습니다.

큰 그릇은 더디 이루어진다.

― 노자

물건 하나도 시간과 노력을 기울여 만든 것과 그렇지 않은 것은 쉽게 표시가 납니다. 당장은 '빨리' '쉽게' 되는 것이 더 좋게 느껴지지만 결과적으로는 그렇지 않습니다. 오랜 시간 노력해 얻은 대가가 훨씬 더 큰 힘을 발휘할 수 있는 것입니다.

사람도 마찬가지입니다. 쉽게 모든 일이 풀려 잘 되는 사람을 부러워하지 마세요. 큰 인물은 쉽게 이루어지지 않는 법입니다. 한 걸음, 한 걸음 자신의 길을 걸어갈 때 여러분도 큰 그릇이 될 수 있는 것입니다.

노자(?-?)

중국 춘추 시대의 사상가. 어지러운 세상을 안타까워하며 중국을 떠나기 전에 〈노자〉(〈도덕경〉이라고 부르기도 함.)라는 책을 썼습니다. 장자는 나중에 이 책에 쓰여진 사상을 이어받아 도가 사상을 발전시켰고, 도가 사상은 유교와 함께 중국 2대 사상이 되었습니다.

> 나는 부자라는 말을 듣는 것보다 사회에 이바지한 사람이라는 말을 듣고 싶다.
> ― 프랭클린

성공하는 사람들에게 함께 따르는 것이 돈입니다. 그렇지만 프랭클린은 부자로 성공하기보다 사람들을 위해서 많은 일을 한 사람으로 인정받고 싶어했습니다.

그래서 정치를 할 때는 국민들을 위한 법을 만들기 위해 애썼고, 과학자로서는 피뢰침을 만들어 사람들이 벼락의 피해를 입지 않도록 했습니다.

프랭클린은 자신의 말대로 사회에 이바지한 사람이 된 것입니다.

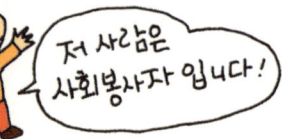

프랭클린(1706-1790)
미국의 정치가, 사상가, 과학자. 가난한 집안에서 태어났으나 출판, 인쇄업자로 성공한 뒤 정치, 과학 분야에서 큰 공을 세웁니다. 특히 아메리카 합중국의 헌법 제정 위원회에서 활발한 활동을 했으며, 피뢰침을 발명하기도 했습니다.

뜻이 있는 곳에 길이 있다.

측우기, 해시계 등을 발명했던 장영실은 기생의 자식으로 양반집의 머슴이 되어야 했습니다.

그러나 장영실은 다른 머슴들과는 달랐습니다. 집안에 고장난 물건이 생기면 뚝딱뚝딱 고쳐냈고, 신기한 물건도 곧잘 만들었습니다.

또한 가뭄으로 온 고장 사람들이 고생하자, 수차를 만들어 물을 끌어들이자고 제안하기도 했습니다.

그러던 장영실은 세종 대왕의 평등한 정책으로 집현전 학사의 자리에까지 올랐고, 나라를 위해 더욱 많은 발명품들을 만들 수 있게 되었습니다.

만일 장영실이 자신의 신분을 원망하고 노력하지

않았다면 그의 삶은 머슴살이로 끝났을 것입니다.

그러나 성실하게 노력하며 자신이 처한 위치에서 최선을 다한 결과 역사에 길이 남을 과학자가 된 것이지요. 하고자 하는 마음과 의지만 있으면 못할 일이 없는 것입니다.

쇼(1856-1950)
영국의 극작가이자 비평가. 집안이 가난하여 초등 학교만 졸업한 뒤 급사로 일하며 음악, 미술을 배웠고 소설을 썼습니다. 1885년부터는 많은 희곡을 써서 영국 근대 연극에 새로운 바람을 불어넣었다는 평가를 받았으며 1925년에 노벨 문학상을 받았습니다. 〈인간과 초인〉, 〈악마의 제자〉, 〈시저와 클레오파트라〉 등의 작품을 남겼습니다.

오늘 일을 내일로 미루지 말라.
― 외국 격언

오늘의 일을 내일로 미루면 어떻게 될까요? 내일의 일은 모레로, 모레의 일은 또 그 다음 날로 미루어야 할 것입니다.

이렇게 하루하루 일을 미루다 보면 언제나 지난 일

에 쫓겨 그 날 꼭 해야 할 일들은 하나도 하지 못하게 됩니다.

　조금은 힘이 들더라도 오늘 일은 미루지 말고 오늘 하세요. 그런 하루 하루가 쌓여 일 년이 되고 그런 한 해 한해가 쌓여 여러분의 인생이 결정지어지는 것이니까요.

> **세상을 위해 일하지 않으면 사는 데 의의가 없다.**
> ─ 에디슨

　에디슨은 천재 발명가였습니다. 그는 전등, 축음기 등의 발명품을 만들어냈지요. 에디슨이 숱한 좌절을 이겨내며 이러한 발명품을 내게 된 바탕에는 인간을 사랑하는 마음이 있었습니다.

　그는 자신의 발명을 개인을 위한 것으로 돌리지 않고, 발명을 통해 번 돈으로 전기 회사를 만들어 더 많은 사람들이 전등과 축음기를 사용할 수 있게 하려고

애썼습니다. 그렇기 때문에 세상은 더욱 발전할 수 있었던 것이지요.

에디슨(1847-1931)
미국의 전기 기술자이자 발명가. 전등, 축음기, 전화 송신기 등 일상 생활에 큰 도움을 주는 1,300여 가지의 발명품을 만들어냈습니다. '발명왕'으로도 불립니다.

**이기는 것이 중요한 것이 아니다.
어떻게 노력하는가가 문제이다.**

쿠베르탱

쿠베르탱은 젊었을 때 미국과 영국을 돌아다니며 공부했습니다. 이 때 스포츠의 중요성을 깨닫고 프랑스의 젊은이들에게 스포츠 정신을 심어 주기 위해 많은 노력을 했지요.

위의 명언은 스포츠 정신을 한 마디로 표현한 말입니다. 운동은 다른 사람과의 경쟁이기 때문에 이기고 지는 것에 많은 관심을 가질 수밖에 없습니다. 그러나

정작 중요한 것은 결과가 아니라 얼마나 최선을 다해 그 경기에 임했는가 하는 것이지요. 물론 운동의 규칙을 엄격히 지키는 것도 중요합니다.

운동뿐만이 아닙니다. 다른 사람들과 경쟁해야 할 일이 있을 때 정정당당하게 규칙을 지켜 가면서 노력해야 하는 것입니다. 이런 점에서 스포츠 정신은 곧 우리의 생활 정신이기도 한 것입니다.

쿠베르탱(1863-1937)
프랑스의 교육자이자 근대 올림픽의 창시자. 1894년에는 국제올림픽위원회 'IOC'를 설립하고, 1896년에 아테네에서 제1회 올림픽대회를 열었습니다. 그는 〈영국의 교육〉, 〈스포츠 교육학론〉, 〈올림픽 회상론〉 등의 책을 남겼습니다.

우리의 인생은 우리가 노력한 만큼 가치가 있다.

― 모리아크

우리는 다른 사람의 인생을 함부로 평가할 수 없습니다. 누구에게나 자신의 삶은 소중한 것이기 때문입니다. 또한 최선을 다하고 노력한 삶이라면 결과가 어떠하든 간에 그것은 충분히 가치 있고 귀한 것입니다.

모리아크(1885-1970)
프랑스의 소설가. 보르도에서 태어나 독실한 가톨릭 집안에서 자랐습니다. 대표작으로는 〈합장〉, 〈문둥이에의 키스〉, 〈사랑의 사막〉, 〈바리새 여인〉 등이 있습니다. 또한 〈소설가와 그의 작중 인물〉이라는 평론이 유명합니다.

열정 없이 얻은 업적은 하나도 없다.

― 에머슨

위인들의 이야기를 읽어 보면 그들이 무엇과도 바

꿀 수 없는 열정으로 훌륭한 업적을 이루어낸 것을 알 수 있습니다.

베토벤은 귀가 멀고 난 뒤에도 많은 곡을 작곡했고, 이순신 장군은 옥에 갇혀 있다가 일개 병사로 전쟁에 참여하기도 했습니다. 모두 자기의 일에 대해 최선을 다하고자 하는 마음이 그만큼 컸던 것이지요.

노력과 열정 없이 이루어진 일은 없습니다. 자신의 일에 늘 최선을 다하고 열정적으로 임해 보세요.

에머슨(1803-1882)
미국의 시인이자 사상가. 보스턴의 목사 집안에서 태어나 1817년 하버드 대학에 입학했습니다. 대표작으로는 〈자연〉, 〈에세이 제1집〉, 〈에세이 제2집〉, 〈운명〉 등이 있습니다.

> 인내는 쓰다. 그러나 그 열매는 달다.
> — 루소

힘든 순간에는 그것을 피하고 싶은 것이 사람의 마음입니다. 그렇지만 끝까지 참고 인내해 보세요. 쉽게

얻기 힘든 기쁨을 맛보게 될 것입니다.

루소(1712-1778)
프랑스의 문학가이자 사상가. 집안이 가난하여 학교에도 못 다니고 어려서부터 일을 해야 했습니다. 그러다가 16살 때 친절한 바랑 부인을 만나 공부를 시작하였습니다. 〈사회 계약론〉과 〈에밀〉을 써서 유명해졌는데 그의 사상은 프랑스 혁명 당시 프랑스 국민들에게 많은 영향을 끼쳤습니다.

> ## 한가한 인간은 고인 물처럼 끝내 썩어 버린다.
>
> — 프랑스 격언

한가하다는 것은 그만큼 시간을 아낄 줄 모른다는 의미이기도 합니다. 시간을 아낄 줄 모르는 사람에게

발전이란 있을 수 없지요.

 발전하지 않고 늘 제자리에 머무는 사람은 고여 있는 물이나 같습니다. 고인 물은 결국 썩어 버리지요.

 시간을 아끼고 부지런히 움직이는 그런 사람이 되세요. 늘 새롭게 솟아나는 맑은 물처럼요.

> **일찍 일어나는 새가 벌레를 잡는다.**
> ― 외국 격언

 아침에 일찍 일어난다는 것은 하루를 빨리 시작한다는 것입니다. 하루를 빨리 시작한다는 것은 남보다 한 발 앞서간다는 뜻이기도 하지요. 부지런한 사람에게는 언제나 그만큼의 보상이 있는 법입니다.

 나는 왜 이렇게 되는 일이 없을까 생각하는 사람들은 다시 돌이켜보세요. 내가 남들보다 늦게 하루를 시작하지는 않았는지를 말이에요.

> **한 방울의 물도 계속해서 떨어지면
> 능히 돌도 뚫을 수가 있다.**
>
> ↳ 불경

물은 단단하거나 딱딱하지 않습니다. 그러나 이 물이 오랜 세월 동안 한 곳에 계속해서 떨어지면 아무리 강한 돌이라도 뚫어지고 말지요.

이처럼 약하고 잘 드러나지 않는 일이라도 꾸준히 하다 보면 언젠가는 눈에 보이는 결과를 얻을 수 있습

니다. 모든 것은 노력하기에 달려 있는 것이니까요.

불경

불교의 경전으로 석가모니의 말, 불교의 역사, 석가모니의 전기 등 다양한 내용을 담고 있습니다. 인도, 중국, 한국 등 여러 나라에 걸쳐 약 1,000년 동안 전해졌고, 총 5,000여 권으로 이루어져 있습니다.

자기가 할 수 있는 일을 남에게 밀지 마라.
― 제퍼슨

때로는 자기가 하고 싶지 않은 일도 해야 할 때가 있습니다. 그럴 때 어떤 사람들은 그 일을 남에게 미루기도 하지요.

그러나 자기가 하기 싫은 일은 남도 하기 싫은 법입니다. 그 일이 어떤 것이든 자기 손으로 할 수 있는 일이라면 남에게 미루지 마세요.

하기 싫은 일을 잘 해냄으로써 기대하지 못했던 결과를 얻을 수도 있으니까요.

제퍼슨(1743-1826)

미국의 제3대 대통령. 미국 독립선언서를 기초하였으며 '미국 민주주의의 아버지'라 불립니다. 1801년부터 1809년까지 8년간 대통령의 자리에 있었으며 개성을 존중하고 정치적인 자유를 부르짖은 '제퍼슨식 민주주의'를 주창하기도 했습니다.

인생 최고의 보람은
일을 즐겁게 하는 데 있다.

— 외국 격언

똑같은 일을 해도 즐겁고 재미있게 일하는 사람과 짜증스럽게 일하는 사람의 결과는 다릅니다.

어떤 일이든 그것을 내 일처럼 여기고 하면 자신도 즐겁고 결과도 좋지만 누가 시켜서 하는 것처럼 억지로 한다면 하는 사람도 괴롭고 결과 역시 만족스럽지 못하지요.

> **재주가 뛰어나더라도 노력하지 않으면 쓸모 없는 것이다.**
> — 몽테뉴

뛰어난 재주는 한순간 빛날 수는 있습니다. 그러나 노력이 뒷받침되지 않는다면 그 재주가 영원히 빛을 발할 수는 없습니다. 아무리 훌륭한 재주라 해도 노력을 이길 수는 없기 때문입니다.

몽테뉴(1533-1592)
프랑스의 사상가. 남프랑스의 보르도 근교에서 태어나 1554년부터 보르도 법원에서 일했습니다. 71년에 은퇴한 후에는 책을 읽으며 평소 적어 두었던 글들을 정리하여 〈수상록〉을 펴냈습니다. 평생 동안 단 한 권의 책을 펴냈지만 그 책에 들어 있는 사상은 많은 사람들에게 큰 영향을 주었습니다.

> **모든 일은 연습이 90%이다.**
> — 에머슨

대부분의 사람들은 연습을 준비 과정으로 생각합니

다. 중요한 것은 실전이라는 것이죠. 그러나 사실은 실전보다 더 중요한 것이 연습입니다.

연습 과정이 어떻게 이루어졌느냐에 따라 실제 결과가 달라지기 때문이지요.

에머슨(1803-1882)

미국의 시인이자 사상가. 보스턴의 목사 집안에서 태어나 1817년 하버드 대학에 입학했습니다. 대표작으로는 〈자연〉, 〈에세이 제1집〉, 〈에세이 제2집〉, 〈운명〉 등이 있습니다.

마지막에 이르기까지 처음과 마찬가지로 주의를 기울이면 어떤 일도 해낼 수 있을 것이다.

노자

무슨 일이든 처음 시작할 때는 새로운 각오로 최선을 다합니다. 그러나 시간이 흐를수록 그 결심도 흐려지게 되지요. 위의 명언은 바로 그런 경우에 쓸 수 있는 말입니다.

모든 일을 할 때 늘 처음처럼 해 보세요. 처음의 마음가짐, 처음의 자세로 끝까지 임하는 거예요. 처음과 끝이 같다면 이루지 못할 것이 없답니다.

노자(?-?)

중국 춘추 시대의 사상가. 어지러운 세상을 안타까워하며 중국을 떠나기 전에 〈노자〉(〈도덕경〉이라고 부르기도 함.)라는 책을 썼습니다. 장자는 나중에 이 책에 쓰여진 사상을 이어받아 도가 사상을 발전시켰고, 도가 사상은 유교와 함께 중국 2대 사상이 되었습니다.

> ## 열매를 얻으려는 자는
> ## 과일 나무에 올라가야 한다.
>
> 풀러

우리 속담에 '감나무 밑에 누워 홍시 떨어지기를 기다린다.'는 말이 있습니다. 어떤 노력도 하지 않고 좋은 결과를 얻으려는 것을 빗대어 한 말이지요.

위의 명언도 그와 같은 의미를 담고 있습니다.

얻고자 하는 일, 이루고자 하는 일이 있다면 그 일을 향해서 적극적으로 노력해야 한다는 뜻이지요.

풀러(1810-1850)

미국의 여류 평론가. 어려서부터 어학에 뛰어난 재능을 보였으며 문예 비평과 사회 문제에도 날카로운 논문을 많이 발표했습니다. 여성 문제에도 관심이 많아 1845년에는 〈19세기의 여성〉이라는 저서를 남기기도 했습니다.

천재란 노력의 별명이다.

괴테

천재라고 하면 말 그대로 하늘에서 내려 준 재주를 뜻합니다. 그렇지만 자신의 능력만을 믿고 아무 것도 하지 않는 사람을 천재라고 하지는 않습니다.

바꾸어 말하면 천재는 다른 사람보다도 더 많이 노력하는 사람이고, 모든 일에 열심히 노력하는 사람이라면 누구든지 천재가 될 수 있다는 뜻입니다.

여러분도 타고난 능력을 탓하지 말고 열심히 노력하세요. 누구라도 뛰어난 천재가 될 수 있으니까요.

괴테(1749-1832)

독일의 시인, 문학가, 과학자, 정치가. 스물다섯 살 때 〈젊은 베르테르의 슬픔〉을 발표하여 세계적으로 유명해졌습니다. 실러와 함께 독일의 고전주의 시대를 이룩하는 데 큰 공을 세웠으며, 시극 〈파우스트〉는 그를 세계적인 대시인으로 만들었습니다. 작품으로는 〈항해〉, 〈달에 붙여서〉 등이 있습니다.

최선을 다해 노력하라

> ### 넓은 강물은 돌을 던져도 그 흐름이 흐려지지 않는다.
> — 사디

폭이 좁고 얕은 강물에 돌을 던지면 금방 물방울이 튀고 물의 흐름이 빨라집니다. 그렇지만 폭이 넓고 깊은 강물에 돌을 던지면 잠시 물결 무늬가 생길 뿐 다시 고요해지지요.

사소한 유혹 등에 흔들리는 사람의 마음은 얕은 강물에 비교할 수 있고, 어떠한 시련에도 흔들리지 않는

사람의 마음은 넓은 강물에 비교할 수 있습니다.

사디(1213?-1291)
페르시아의 시인. 약 30년 동안 이슬람권 나라들을 여행하면서 많은 인생 경험을 쌓았습니다. 〈과수원〉, 〈굴리스탄〉이라는 작품을 남겼습니다.

자기가 맡은 일에 최선을 다하라.
외국 격언

각 학급에는 반장이나 부반장 등의 학급 임원도 있고 그저 당번 역할을 하는 학생도 있습니다.

누구나 사람들에게 인정받는 역할을 맡고 싶겠지요. 하지만 그 일만이 중요한 것은 아닙니다.

휴지를 줍든 바닥을 닦든 내가 지금 맡고 있는 일이 소중하다는 것을 기억하세요.

나로 인해 우리 반이 깨끗해진다는 마음으로 말이에요. 각자 자신의 일에 최선을 다할 때 우리 사회도 밝은 사회가 될 테니까요.

쉬어가는 이야기 두 번째

에디슨의 박사 학위

　에디슨이 많은 발명품을 세상에 내놓은 뒤 자신의 연구실에서 연구에 몰두하고 있을 때의 일입니다.
　뉴욕 주립 대학에서는 초등학교도 마치지 못한 에디슨에게 박사 학위를 수여하기로 결정을 했습니다. 그의 발명품이 온 세계의 사람들에게 큰 도움을 주었다는 것을 인정했기 때문이지요.
　그 사실이 결정되고 난 뒤 뉴욕 주립 대학에서는 곧 에디슨에게 전화를 걸었습니다.
　"안녕하십니까? 여기는 뉴욕 주립 대학입니다. 저희는 선생님께 박사 학위를 드리기로 결정했습니다."
　그런데 그 뒤에 나온 에디슨의 말은 너무나 뜻밖이었습니다.
　"그래서요?"
　"아, 그 날 바쁜 일이 있으시더라도 꼭 참석해 주셨으면 하고 연락을 드렸습니다."
　"네, 바쁜 일이 없다면 참석하도록 하지요."
　그리고 며칠 후 박사 학위를 수여하는 날이 되었습니다. 학위를 받는 사람은 에디슨인데 그 날 뉴욕 주립 대학에는 에디슨의 모습은 전혀 보이지 않았습니다.
　대학에서는 너무나 당황해하며 에디슨에게로 전화를 걸었습니다.
　"저, 에디슨 선생님이십니까?"
　"네, 그런데요."
　"학위 수여를 해야 하는데 선생님이 오시지 않으셔서요."
　"아, 제가 지금 하고 있는 연구 때문에 너무 바쁘거든요. 제가 분명히 바쁜 일이 없으면 참석하겠다고 말씀드렸던 것으로 알고 있는데요."
　전화를 건 사람은 에디슨의 말에 식은땀을 뻘뻘 흘렸습니다.
　"저, 바쁘셔서 못 오시겠다면 전화로라도 학위를 수여하고 싶습니다. 괜찮으시겠지요?"
　"전화라면 얼마든지 받을 수 있지요."
　이렇게 해서 에디슨은 전화로 박사 학위를 받을 수 있게 되었습니다. 한편 학위를 주기로 했던 뉴욕 주립 대학에서는 에디슨이 너무 거만한 것이 아니냐고 말이 많았습니다.
　그 시간에도 자신의 연구실에서 연구를 하고 있던 에디슨에게 조수가 와서 물었습니다.
　"선생님, 왜 학위 수여식에 참석하시지 않으셨습니까?"
　"아, 뭐 그리 대단한 일이라고……."
　"아니 선생님, 박사 학위를 받는 것보다 더 명예로운 일이 어디 있습니까?"
　그 말을 들은 에디슨은 입가에 미소를 지으며 말했습니다.
　"발명가에게는 발명하는 일이 가장 중요한 거야. 박사 학위를 받는다고 더 훌륭한 물건을 발명하는 건 아니네. 내가 학위에 욕심이 있었다면 공부를 했지 발명을 하진 않았을 걸세."

4장

지혜로운 사람이 되자

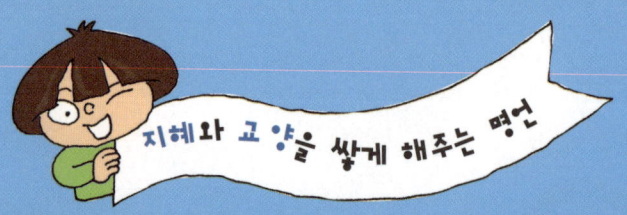

지혜와 교양을 쌓게 해주는 명언

처음 생각하기는 어렵지만 다른 사람의 생각을 따라 하는 것은 쉽다.

— 콜럼버스

콜럼버스가 신대륙을 발견하고 큰 명예를 얻자, 그를 시기하는 사람들이 많이 생겨났습니다.

"그까짓 일이 뭐가 그리 대단해! 나도 배만 타고 쭉 가면 대륙 하나쯤 발견할 수 있다고."

이 말을 들은 콜럼버스는 달걀 하나를 사람들에게 내밀며 말했습니다.

"자, 여러분, 이 달걀을 한 번 세워 보십시오."

그러나 둥근 달걀을 곧추세울 수 있는 사람은 아무

도 없었습니다.

그 때 콜럼버스가 달걀의 한쪽 끝을 살짝 깨 식탁 위에 세웠습니다. 그러자 사람들은 비웃었지요.

"에이, 그렇게 하면 누가 못하겠어요?"

그러자 콜럼버스는 사람들을 바라보며 말했습니다.

"누구나 다른 사람이 한 것을 보고 그대로 따라 하기는 쉽습니다. 그러나 처음 생각해내는 것은 쉬운 일이 아니지요."

사람들은 더 이상 할 말이 없었습니다.

콜럼버스(1451?-1506)
이탈리아의 탐험가. 14살 때부터 선원으로 일하며 항해를 시작했습니다. 나중에는 에스파냐 이사벨 여왕의 도움을 받아 항해를 하게 되었으며, 여기에서 아메리카 신대륙을 발견하였습니다.

학문에는 왕도가 없다.

― 유클리드

여기서 왕도란 어려운 일을 아주 쉽게 이루는 방법

을 말합니다.

옛날 이집트 왕은 나일 강이 넘치는 것을 보고 수학자인 유클리드를 불러 물었습니다.

"어떻게 하면 단숨에 기하학을 깨우칠 수 있겠소?"

기하학이란 땅을 측량하기 위한 학문으로 매우 어렵고 복잡했습니다. 유클리드가 대답했지요.

"기하학에는 왕도가 없습니다."

이것은 요령을 부리지 말고 오로지 노력하고 힘을 쏟아야 좋은 결과를 얻을 수 있다는 뜻으로, 요즘은 '학문에는 왕도가 없다.' 는 말로 바뀌어 지금까지 전해 오고 있습니다.

유클리드(B.C.330-B.C.275)
고대 그리스의 수학자. 에우클레이데스라고도 불립니다. 평생 동안 13권의 기하학 책을 남겼으며 수학 역사상 없어서는 안될 중요한 인물 중 한 사람입니다.

아는 것이 힘이다.

— 베이컨

 옛날 어느 임금님이 아이들에게 소금 가마니를 들어 올려 보라고 했습니다. 가마니를 뜯는 것 외에는 어떤 방법도 괜찮다고 했지요.
 아이들은 소금 가마니를 들어 보려 애썼지만 힘이 센 아이들도 가마니를 들어 올리지는 못했습니다.
 그 때였습니다. 한 아이가 양동이로 물을 담아 와 몇 번이고 가마니 위에 부었습니다. 가마니 안의 소금은 그 물 때문에 모두 녹아 버렸지요. 아이는 소금 가마니를 번쩍 들어 올렸습니다.
 '소금은 물에 녹는다.'는 간단한 지식으로 장사 못지 않은 힘을 발휘할 수 있었던 것이지요.

베이컨(1561-1626)

영국의 철학자이자 정치가. 데카르트와 함께 '근세 철학의 아버지'라고 불립니다. 케임브리지 대학을 졸업한 뒤 변호사로 일하다가 대법관의 자리에까지 올랐습니다. 〈수필집〉, 〈학문의 권위와 진보〉, 〈대저작〉 등의 글을 남겼습니다.

짧은 두레박으로 깊은 우물의 물을 퍼 올릴 수 없다.

— 순자

깊은 우물의 물을 퍼 올리려면 그만큼 긴 두레박이 필요합니다. 마찬가지로 학문을 깊이 파헤치기 위해서는 깊은 지식이 필요한 법이지요.

공부는 열심히 하지 않으면서 학문을 연구하겠다고 하는 사람이 있다면 그것은 짧은

두레박으로 깊은 우물의 물을 퍼 올리겠다는 것과 다르지 않겠지요.

순자(B.C.298?-B.C.238?)
중국 전국 시대의 유학자. 인간의 본성은 원래부터 착하다는 맹자의 '성선설'에 반대해 인간 본성은 원래는 악하지만 감동을 받거나 가르침을 받아서 착해진다는 '성악설'을 주장했습니다. 20권으로 이루어진 〈순자〉라는 책을 남겼습니다.

펜은 칼보다 강하다.
― 리턴

'펜은 칼보다 강하다.' 라는 말에서 펜은 글이나 말을 뜻하고, 칼은 무력이나 폭력을 뜻하는 것입니다.

얼핏 생각하면 무력이 더 큰 힘을 발휘할 것 같지만, 때에 따라서는 글이나 말이 더 커다란 일을 해 낼 수도 있답니다.

리턴(1803-1873)
영국의 정치가이자 소설가. 〈폼페이 최후의 날〉, 〈마지막 색슨족 헤럴드〉 등의 소설을 쓰다가 정치를 시작하여 의회에서 활동했습니다.

사슴을 쫓는 자는 산을 보지 못한다.
— 회남자

'나무를 보되 숲을 보지 못한다.'는 말이 있습니다. 이 말은 작은 것에만 집착하다가 큰 것을 놓치게 된다는 뜻이지요. 위의 명언도 같은 의미입니다.

어떤 일에 몰두하는 것은 좋지만 그것 때문에 정작 중요한 것들을 잃어버린다면 내 손에 남은 것조차 의미가 없어질 수 있습니다. 어떤 일을 하더라도 주변을

바라볼 수 있는 마음의 여유가 필요하답니다.

회남자
중국 전한 시대 때 왕족이었던 회남왕 유안이 쓴 책으로 지금의 백과 사전과 비슷한 내용을 담고 있습니다. 당시 세상의 여러 가지 진귀한 이야기들과 지혜가 담겨 있는 책입니다.

> 방에 책이 없는 것은 몸에 정신이 없는 것과 같다.
> — 키케로

'책은 마음의 양식'이라는 말이 있습니다. 책을 많이 읽으면 마음이 풍요로워진다는 뜻이지요.

몸만 있고 정신이 없는 사람을 상상해 보세요. 그 사람은 아마 껍데기뿐인 인형이나 로봇과 다를 바 없을 것입니다. 책을 읽지 않는 사람이 그와 같습니다.

여러분도 마음과 정신이 풍요로운 사람이 되기 위해 열심히 책을 읽도록 하세요.

키케로(B.C.106-B.C.43)
고대 로마의 정치가이자 웅변가. 웅변을 잘 하여 일찍이 원로원 의원이 되었습니다. 〈국가론〉, 〈법률론〉, 〈의무에 관하여〉 등의 책을 남겼습니다.

좋은 책은 좋은 친구와 같다.

― 생피에르

책은 우리에게 많은 유익한 것을 제공해 줍니다. 교훈과 지식뿐 아니라 즐거움도 주지요. 책은 그 자체로도 우리의 친구라고 할 수 있습니다.

더 좋은 친구가 되느냐 그렇지 못한가 하는 것은 여러분 자신에게 달려 있지요.

생피에르(1658-1743)
프랑스의 정치사상가. 1713년에 〈영구평화론〉이라는 책을 펴냈고 1718년에는 〈다원합의제론〉이라는 책을 펴내서 자신의 정치 사상을 많은 사람들에게 알렸습니다.

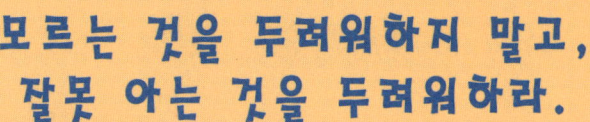

> 모르는 것을 두려워하지 말고,
> 잘못 아는 것을 두려워하라.
> — 파스칼

모르는 것보다 더 위험한 것이 있습니다. 바로 잘못 알고 있는 것이죠.

모르는 것은 배워서 깨우칠 수 있습니다. 하지만 잘못 알고 있는 것은 쉽게 바로잡히지 않습니다. 스스로

자신이 분명히 알고 있다고 믿기 때문이죠.

이런 경우 잘못된 지식으로 돌이킬 수 없는 실수를

저지를 수도 있습니다.

파스칼(1623-1662)
프랑스의 수학자, 물리학자, 철학자. 학교 교육은 받지 않았지만 독학으로 수학을 공부하여 당시 수학자들의 주목을 받았습니다. 그가 펴낸 대표적인 책으로 〈기하학적 정신에 대하여〉, 〈그리스도교의 변증론〉, 〈팡세〉가 있습니다.

> 모르는 것을 아는 척하는
> 것이야말로 수치스러운 일이다.
>
> ― 톨스토이

세상에 모든 것을 다 아는 사람은 없습니다. 살아가면서 조금씩 배워 가는 것이지요. 그렇기 때문에 모르는 것이 있다는 것은 당연한 것입니다.

자신이 어떤 분야에 대해 모른다고 해서 크게 부끄러워할 일도 아니고 또 조금 더 안다고 해서 떠벌려 자랑할 일도 아니지요.

정작 부끄러움을 느껴야 할 때는 모르는 것을 아는 척하고 꾸미려 들 때입니다. 거짓으로 자신의 지식을

가장하게 되면 당장은 넘어갈 수 있을지 모르나 결국은 더 큰 망신을 당하게 되고 말 것입니다.

톨스토이(1828-1910)
러시아의 소설가. 19세기 러시아 문학을 대표하는 세계적인 작가로 가난한 사람들을 위해 자신의 재산을 직접 나누어 주는 등 선행을 직접 실천하기도 했습니다. 〈부활〉, 〈전쟁과 평화〉, 〈안나 카레니나〉 등 많은 명작을 남겼습니다.

고생보다 나은 교육은 없다.
디즈레일리

링컨은 켄터키 주의 한 오두막집에서 태어났습니다. 책 한 권 살 수 없을 만큼 가난한 집이었지요.

링컨은 학교 교육조차 제대로 받지 못하며 갖은 고생을 다했습니다. 그러면서도 손에서 책을 놓지 않았고 독학으로 변호사가 되었습니다.

그의 노력은 계속되었고 하원 의원을 거쳐 미국의 대통령에까지 당선되었습니다.

사람은 힘든 일을 겪고 나면 한층 더 성숙해진다고 합니다. 고생을 통해 그만큼 배우는 것도 많고 느끼는 것도 많다는 뜻이지요. 이것은 학문을 통한 깨달음보다 더 큰 가르침이기도 하답니다.

디즈레일리(1804-1881)
영국의 정치가. 22살 때부터 소설을 쓰기 시작했으며, 뛰어난 웅변 능력으로 33살 때부터는 정치가가 되었습니다. 재무장관과 총리를 지냈으며, 1876년에는 비컨스필드 백작의 작위를 받았습니다.

> 가정이 가난하고 신분이 천한 것은 부끄러운 일이 아니다. 올바른 진리를 배우고도 실천하지 않는 것이 실로 부끄러운 일이다.
> — 강수

가난은 부끄러운 일이 아니라 불편한 일일 뿐입니다. 정작 부끄러워해야 할 사람들은 정당하지 못한 방법으로 돈을 벌어 부자가 된 이들이지요.

집이 가난하다거나 부모님이 근사한 직업을 갖고 있지 않다고 부끄러워하지

마세요.

다만 옳고 그른 것을 제대로 알고 바르게 실천할 수 있는 사람이 되세요. 그것이 세상을 부끄럽지 않게 사는 방법이랍니다.

강수(?-692)

신라 태종 무열왕 때의 학자. 사찬이라는 벼슬을 지냈으며 교육과 국학 발전에 큰 공을 세웠습니다. 특히 외교 문서를 잘 다루어 당나라, 고구려, 백제와 교류를 활발하게 하였고, 삼국 통일에도 큰 공을 세웠습니다.

하루라도 책을 읽지 않으면 입 안에 가시가 돋친다.

— 안중근

이 말은 안중근 의사가 남긴 말 중에서도 가장 유명한 말입니다.

안중근 의사는 어린 시절부터 활솜씨, 총솜씨가 뛰어났습니다.

그러나 총과 활을 쏘면서도 늘 공부를 손에서 놓지

않았습니다.

독립군 생활을 하느라 감옥에 갇혀 있는 동안에도 꾸준히 책을 읽고, 우리 민족에게 남기고 싶은 말을 책으로 엮었습니다.

지금도 안중근 의사가 남긴 많은 글들은 그 예술성과 내용 면에서 좋은 평가를 얻고 있습니다.

안중근(1879-1910)

독립운동가. 1906년부터 '삼흥 학교', '돈의 학교'를 운영하다가 1907년 연해주로 건너가 의병 활동을 했습니다. 1909년 10월, 이토 히로부미가 러시아 재무상과 회담을 하기 위해 만주 하얼빈에 온다는 소식을 듣고 동지 우덕순, 조도선, 유동하 등과 함께 계획을 세워 그를 사살합니다. 그리고 1910년 3월 사형에 처해졌습니다.

> 아는 것을 안다고 하고 모르는 것을 모른다고 하라. 그것이 곧 아는 것이니라.
> — 공자

살다 보면 자신에게 불리한 상황을 넘기기 위해 아는 것을 모른다고 말하는 사람을 보게 됩니다. 반대로

다른 사람보다 뒤지면 안 된다는 생각에 모르는 것을 안다고 거짓으로 말하는 사람도 볼 수 있지요.

그러나 최선의 대답은 바로 '솔직함' 입니다. 또한 그것이 바로 알고 있다는 증거이기도 하고요.

공자(B.C.552-B.C.479)

중국 춘추 시대의 학자이자 사상가로 유교의 사상을 집대성했습니다. 55세 때는 노나라의 재상이 되기도 했으나 곧 정치를 그만두고 제자들을 키우는 데 힘을 쏟았습니다. 대표적인 저서로 〈논어〉가 있습니다.

소인의 학문은 귀로 들어오고 입으로 나간다.

— 순자

생각이 깊고 오랜 동안 학문을 연구한 사람은 자신의 지식을 쉽게 입 밖에 내지 않습니다. 그렇지만 생각이 얕은 사람은 자신이 배운 것을 금세 자랑하려고 떠벌리고 다니지요.

이 명언에서 '소인'이란 바로 생각이 얕은 사람을 말하는 것입니다. 소인의 지식은 귀로 들어와 바로 입으로 나가 버리기 때문에 머릿속에 머무를 시간이 없지요. 그런 모습을 비웃는 명언입니다.

순자(B.C.298?-B.C.238?)
중국 전국 시대의 유학자. 인간의 본성은 원래부터 착하다는 맹자의 '성선설'에 반대해 인간 본성은 원래는 악하지만 감동을 받거나 가르침을 받아서 착해진다는 '성악설'을 주장했습니다. 20권으로 이루어진 《순자》라는 책을 남겼습니다.

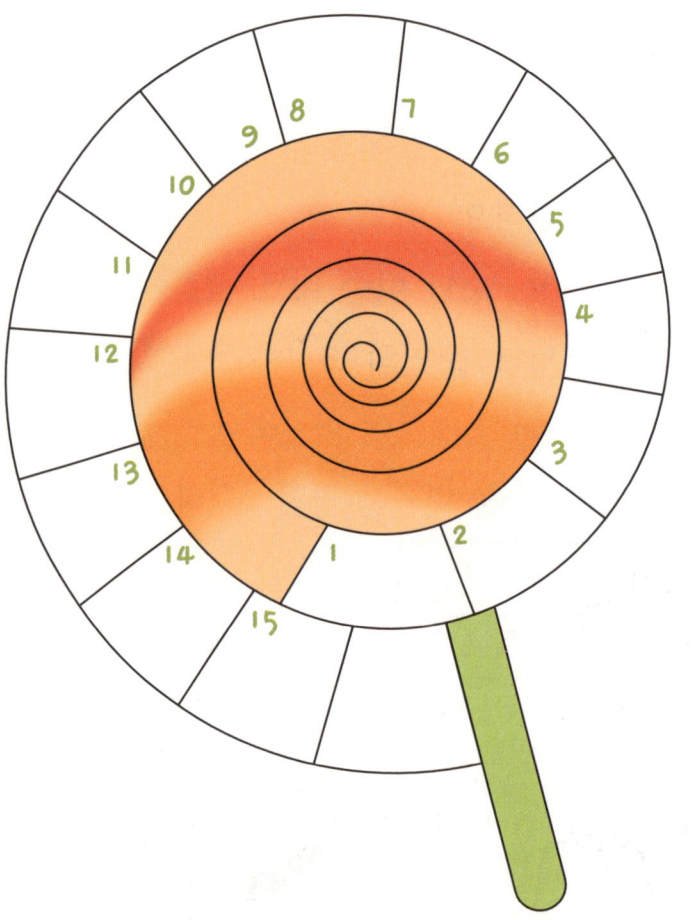

★ 해답은 102쪽에 있어요.

 풀이 열쇠

1. 운수가 좋지 않음. 언제까지나 계속되는 ○○은 없다.
2. 좋은 운. 청년은 미래가 있다는 것만으로도 ○○하다.
3. 한 번 배운 것을 다시 공부하는 것
4. 버릇. ○○은 나무 껍질에 새겨 놓은 글자 같아서 나무가 자라나면서 점점 커진다.
5. 마음이 끌림. 마음에 두고 잊지 않음.
6. 고집스럽고, 남을 시기하는 마음. 어머니를 사랑하는 사람 치고 ○○궂은 사람은 절대 없다.
7. 술을 담아 놓는 병
8. 군사를 달리 이르는 말
9. 한창 혈기 왕성한 남자
10. 오늘의 바로 다음날. 오늘 일을 ○○로 미루지 말라.
11. 태어나서 죽을 때까지의 동안. ○○ 동안 할 일을 발견한 사람은 행복하다. 그에게는 다른 행복을 찾을 필요가 없다.
12. 살아 있는 동안. 세상 살아가는 동안.
13. 나라를 사랑하는 것
14. 한 나라를 이루는 사람들
15. 말과 풍속이 같고 독특한 문화를 가지는 같은 겨레

1. 불행
2. 행복
3. 복습
4. 습관
5. 관심
6. 심술
7. 술병
8. 병사
9. 사내
10. 내일
11. 일생
12. 생애
13. 애국
14. 국민
15. 민족

5장

성공을 만들어 내는 것은 나 자신이다

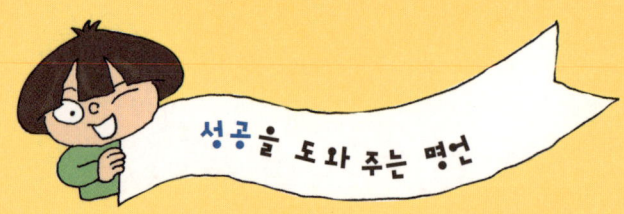

성공을 도와 주는 명언

> 홈에 들어오기 위해서는 1루, 2루, 3루를 차례로 밟아야 한다.
> — 베이브 루스

'야구의 천재'라고 불리던 베이브 루스는 사람들이 그를 추어올릴 때마다 이렇게 말했습니다.

"홈에 들어오려면 1루, 2루, 3루를 차례로 밟아야만 한다. 단 한 개라도 빠뜨리면 점수를 얻을 수 없기 때문이다."

즉 모든 일에는 순서가 있으며 그 순서를 거치지 않고는 어떤 일도 이루어지지 않는다는 의미이지요.

베이브 루스(1895-1948)
미국의 프로야구 선수. 1914년에 보스턴 레드 삭스에 입단하여 투수로 활약했으

나 곧 뉴욕 양키즈로 팀을 옮겨 타자로 활동하였습니다. 타자로 활동하면서 여러 기록을 세웠으며 1936년에 야구 전당에 들어간 5명의 선수 중 한 사람입니다.

남을 이기려거든 먼저 자기를 이겨야 한다.
여씨 춘추

자기를 이긴다는 것은 어떤 뜻일까요?

그 말은 자기와의 약속을 잘 지키고 자신이 세운 목표를 이룬다는 뜻이지요.

남과 경쟁하여 이기는 것도 중요합니다. 하지만 자기 자신을 이기는 것은 더욱 어렵고 중요한 일입니다. 자기 자신을 이기지 못하는 사람은 다른 사람도 이길 수 없을 테니까요.

여씨 춘추

중국 진나라 시대의 역사책으로 '여람'이라고도 부릅니다. 여불위라는 사람이 글에 능한 사람 3천여 명을 초대하여 도움을 받아 쓴 책이라고 전해지며 도가 사상을 주로 실었습니다. 그러나 그 외에도 유가, 병가, 농가 등의 여러 가지 사상과 해설을 담고 있습니다.

> **무슨 일이든 한 가지 일에 성공하려면 다른 일은 생각하지 말라.**
>
> — 헤라클레이토스

우리 속담에 '한 우물을 파라.'는 말이 있습니다. 한 가지 일에 정신을 집중하여 최선을 다하라는 것이죠. 위의 명언도 그 속담과 같은 의미입니다.

한 길을 가다 보면 다른 유혹도 있을 수 있고, 지루함을 느낄 수도 있겠지요. 하지만 그런 잡념을 이겨내고 한 가지 일에 전념한다면 그 일에서 꼭 성공할 수 있답니다.

헤라클레이토스(B.C.540?- B.C.480?)

그리스의 철학자로 에페소스 왕가 출신. 피타고라스, 호메로스 등의 학자, 시인들을 비판하기도 했습니다. 〈자연에 관하여〉라는 3부작의 글을 남긴 것으로 알려져 있으나 현재 남아 있는 것은 단편뿐입니다.

> 좋은 씨를 뿌려라.
> 그러면 기쁨의 열매를 거두리라.
>
> — 영국 속담

 좋은 열매를 얻기 위해서는 어떻게 해야 할까요? 햇볕도 잘 쬐어 주고 물도 듬뿍 주어야 합니다. 거름도 주고 정성을 쏟아야 하지요.

 그러나 무엇보다 중요한 것은 좋은 씨앗을 뿌리는 것입니다. 씨앗이 튼튼하지 못하면 정성을 다해 기른다고 해도 좋은 열매를 맺기가 힘들기 때문이지요.

 일도 마찬가지입니다. 기초가 다져 있지 않으면 그 후에 아무리 애를 써도 좋은 결과를 얻기가 힘든 법입니다.

싸워서 이기기는 쉬워도 이긴 것을 지키기는 어렵다.

↳ 오자

어떤 분야에서든 챔피언이 된 사람들은 최고가 되는 것보다 그 자리를 지키는 것이 더 어렵다고 말합니다. 늘 자신의 자리를 노리는 다른 사람들 때문에 챔피언이 되기 전보다 더욱 노력해야 한다는 것이죠.

오자(B.C.440-B.C.391)
중국 전국 시대의 전술가. 위나라 사람이지만 초나라의 재상이 되어 진나라를 무찌르는 데 큰 공을 세웠습니다. 그가 쓴 〈오자〉는 모두 26권으로 이루어져 있으며 손자가 쓴 〈손자〉와 함께 가장 뛰어난 병법책으로 알려져 있습니다.

급히 서두르는 것은 실패의 원인이다.

↳ 프랭클린

몇 년 전 우리 나라는 삼풍 백화점 붕괴와 성수 대

교 붕괴라는 끔찍한 일을 겪어야 했습니다.

　두 사고의 원인은 모두 공사를 부실하게 한 탓이었지요. 돈은 조금 들이고 시간은 단축하여 허울만 번듯한 건물을 지은 결과로 무서운 사고가 난 것입니다.

　일을 하는 데 있어서 급하게 서두르는 것이 얼마나 위험한 일인지 잘 보여 준 사건이었지요.

　어떤 일이든 서둘러서 하다 보면 실수가 생기게 되고, 실수는 곧 실패를 불러오는 법입니다.

프랭클린(1706-1790)

미국의 정치가, 사상가, 과학자. 가난한 집안에서 태어났으나 출판, 인쇄업자로 성공한 뒤 정치, 과학 분야에서 큰 공을 세웁니다. 특히 아메리카 합중국의 헌법 제정 위원회에서 활발한 활동을 했으며, 피뢰침을 발명하기도 했습니다.

> 꿈을 간직하고 있으면 그 꿈은 반드시 실현될 때가 온다.
>
> — 외국 격언

어떤 노신사가 기차 여행을 하다가 한 청년을 만났습니다.

"자네는 무슨 일을 하고 있나?"

"이 나라 제일 가는 운수회사를 경영하기 위해 준비를 하고 있습니다."

신사가 보기에 지금 청년은 초라하기 그지 없었습니다. 하지만 신사는 그를 격려했습니다.

"그렇구만. 열심히 해서 훌륭한 기업가가 되게."

"네, 꼭 손꼽히는 기업을 만들 겁니다."

청년은 자신있게 말했습니다.

그리고 십 년이 지난 어느 날, 그 청년은 큰 운수회사를 가진 기업가가 되어 노신사를 찾아 왔습니다.

"저는 어릴 때부터 운수회사를 경영하겠다는 꿈을 갖고 있었습니다. 사람들은 가난하고 배운 것 없는

저를 비웃었지만 저는 꿈을 잃지 않고 열심히 노력했지요. 그 때 선생님께서 격려해 주셨던 일에 감사를 드리려고 이렇게 찾아 온 것입니다."

꿈을 품고 실현시킨 청년과, 그에게 힘을 주었던 노신사는 두 손을 굳게 잡았습니다.

> 호랑이 굴에 들어가야 호랑이 새끼를 잡는다.
> — 후한서

원대한 꿈을 세우고는 안일하게 그 꿈이 이루어지기를 바라는 사람들이 있습니다. 호랑이 새끼를 잡으려면 먼저 호랑이 굴로 들어가야 하듯이 어떤 일을 하려면 용감하게 그 일에 도전해야 합니다.

생각만으로는 아무 것도 이룰 수가 없습니다.

후한서

중국 역사책의 하나로 후한의 역사를 쓴 책입니다. 중국 남조 시대 때 송나라의 범엽이 썼습니다. 내용은 본기 9권, 후기 1권, 열전 80권, 지 1권으로 되어 있습니다. 이 책의 〈동이전〉에는 부여, 읍루, 고구려, 동옥저, 예, 한 등의 이야기

가 들어 있어 우리 나라의 역사 연구에 중요한 자료가 되고 있습니다.

> ### 세상의 큰 일은 언제나 작은 데서 시작된다.
> — 노자

우리에게는 높아만 보이는 63빌딩도 처음에는 한 장의 벽돌에서부터 시작되었습니다. 명문학교에 1등으로 입학한 사람도 맨 처음에 배웠던 것은 하나 하나의 글자였지요.

우리가 보기에 대단하고 엄청나 보이는 일도 사실 그 처음은 작고 미약했다는 사실을 잊지 마세요.

노자(?-?)
중국 춘추 시대의 사상가. 어지러운 세상을 안타까워하며 중국을 떠나기 전에 〈노자〉(〈도덕경〉이라고 부르기도 함.)라는 책을 썼습니다. 장자는 나중에 이 책에 쓰여진 사상을 이어받아 도가 사상을 발전시켰고, 도가 사상은 유교와 함께 중국 2대 사상이 되었습니다.

> 아무리 가까운 곳이라도 가지 않으면 다다를 수 없다.
> — 순자

눈앞에 보이는 아주 가까운 곳이라도 내 발로 가 보지 않은 곳이라면 아무 소용이 없지요.

일도 마찬가지입니다. 아무리 쉽고 보잘것 없어 보이는 일이라도 내 손으로 해 보지 않고는 그 일에 대해 평가할 수 없으며 그것을 제대로 해낼 수도 없는 것입니다.

순자(B.C.298?-B.C.238?)
중국 전국 시대의 유학자. 인간의 본성은 원래부터 착하다는 맹자의 '성선설'에 반대해 인간 본성은 원래는 악하지만 감동을 받거나 가르침을 받아서 착해진다는 '성악설'을 주장했습니다. 20권으로 이루어진 〈순자〉라는 책을 남겼습니다.

성공을 만들어 내는 것은 나 자신이다

약간의 뛰어남이 승리를 가져온다.

― 다윈

　성공하는 사람과 성공하지 못하는 사람의 사이에는 얼마만큼의 차이가 있을까요? 얼핏 생각하기에는 어마어마한 차이가 있을 것 같지만, 사실은 그렇지 않습니다. 사람의 능력이란 모두 비슷하기 때문이지요.

　다만 얼마나 노력을 해서 그 능력을 발휘하느냐에 따라 성공하는 사람과 성공하지 못하는 사람의 차이가 생겨나는 것입니다. 아주 약간의 뛰어남이 사람의 미래를 좌우하는 것이지요.

다윈(1809-1882)

영국의 생물학자. 원래는 의학과 신학을 공부했으나 케임브리지 대학의 식물학 교수 J. 헨슬러에게 지도를 받아 동식물을 연구하게 되었습니다. 오랜 연구 끝에 내놓은 〈종의 기원〉이라는 책에서 인류의 진화론에 대한 연구 결과를 밝혔습니다. 이외에도 〈식물의 운동력〉, 〈식물의 교배에 관한 연구〉 등 전문적인 지식을 다룬 논문을 많이 발표했습니다.

산은 올라가는 자만이 정복하는 법이다.
― 알랭

산 아래에서 산꼭대기를 쳐다보며 오르고 싶다고 생각하는 것은 의미가 없습니다. 산의 정상에 오르고 싶은 마음이 있다면 산에 직접 올라야 하는 것이지요. 지금의 첫걸음이 산을 정복하는 지름길임을 잊지 마세요.

알랭(1868-1951)

프랑스의 철학자이자 평론가. '잘 판단하는 것은 잘 행동하는 것이다.'라는 말로 인간 이성의 고귀함을 주장했습니다. 〈행복론〉, 〈종교론〉, 〈스탕달론〉, 〈발자크론〉 등의 책을 펴냈습니다.

> 어떤 것이든 정상에 오른 순간부터
> 조금씩 내리막길을 걷기 시작한다.
>
> ㄴ 그라시안

사람들은 정상에 오르기 위해 숨가쁘게 노력합니다. 그러나 정상에 오른 순간부터는 더 이상 오를 곳이 없어지지요. 그렇기 때문에 정상에 오른 사람들은 자신의 자리를 지키기 위해 많은 노력을 기울여야 합니다. 정상에서부터 내리막길을 걷지 않고 더 높은 목표를 향해 뛰어오르려면 말입니다.

그라시안(1601-1658)
스페인의 작가. 1619년에는 예수회의 회원이 되었고, 예수회 부속 학교의 교장을 지냈습니다. 〈영웅〉, 〈신탁〉, 〈비평가〉 등의 책을 남겼습니다.

6장

바른 습관을 갖자

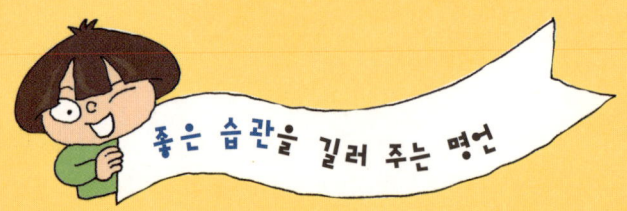

좋은 습관을 길러 주는 명언

**부지런하면 재물이 생기고
아끼면 가난하지 않다.**

― 이익

이익은 〈성호사설〉이라는 책에서 백성들의 어려운 생활에 대해 이렇게 말했습니다.

"아끼지 않으면 큰 부자라도 반드시 가난해지기 마

련이다. 이 세상이 온통 가난하다지만 부지런하고 검소하다면 어찌 가난하게만 살겠는가."

"재산이란 노력으로 얻어지는 것이다. 많은 재산을 얻은 사람도 처음에는 가난했지만 오랜 시간이 지난 뒤에 반드시 그 목표를 이룬 것이다."

누구든 노력하여 부자가 될 수 있고, 또 가난은 극복할 수 있다는 의미이지요.

이익(1681-1763)

조선 영조 때의 실학자. 호는 성호입니다. 평생 벼슬을 하지 않고 지리, 역사, 수학, 의학 등의 학문에 힘썼고, 서양 학문에도 많은 관심을 가졌습니다. 〈성호사설〉이라는 책을 남겼습니다.

원하는 것을 사지 말고 필요한 것을 사라.
— 카토

카토가 살았던 로마 시대에는 귀족들의 사치가 심했습니다. 또 일반인들도 귀족들을 흉내내어 사치를 부리곤 했지요.

정치가였던 카토는 사치스러운 사람들에게 경고를 했지만 누구도 그의 충고를 귀담아 듣지 않았습니다. 그리고 얼마 후 로마는 사치 때문에 망하고 말았지요.

돈은 지혜롭게 쓸 때 빛이 나는 법입니다.

카토(B.C.234-B.C.149)
로마의 정치가. 감찰관이라는 자리에 있으면서 국민들의 생활을 건전하게 이끄는 데 큰 공을 세웠습니다.

욕심은 수많은 고통을 부르는 나팔이다.
— 팔만대장경

욕심은 어떤 일에든 만족을 하지 못하게 만듭니다. 아무리 부족한 것이 없어도 계속해서 욕심을 부리면 행복할 수가 없는 것입니다.

마음의 고통은 욕심에서 시작된다는 것을 잊지 마세요.

팔만대장경
고려 시대의 불경과 법문에 관한 모든 글을 모아 나무판에 새긴 것으로 '고려대장경'이라고도 부릅니다. 팔만대장경은 국보 제32호로 지정되어 있으며, 지금은 합천 해인사에 보관되어 있습니다.

> **웅변은 은, 침묵은 금이다.**
> ↳ 칼라일

자기의 의견을 똑똑하고 조리있게 말로 전하는 것은 매우 중요한 일입니다. 그래서 말을 잘 하는 사람은 많은 사람으로부터 부러움을 사고 존경을 받지요.

그렇지만 말을 많이 하지 않고 생각이 깊은 사람 역시 많은 사람들에게 존경을 받습니다.

웅변과 침묵, 두 가지 다 사람에게는 중요한 것입니다. 그렇지만 너무 많은 말 때문에 실수를 하거나 필요 없는 오해를 사는 것보다는 말을 좀 적게 하더라도 신중한 편이 더 낫겠지요.

칼라일(1795-1881)

영국의 평론가이자 역사가. 대학에서 신학과 수학을 공부한 뒤 수학 선생님이 되었지만 꾸준히 글을 썼습니다. 1838년에 처음 〈의상 철학〉을 썼으며, 〈프랑스 혁명사〉, 〈영웅 숭배론〉, 〈과거와 현재〉 등의 작품을 남겼습니다.

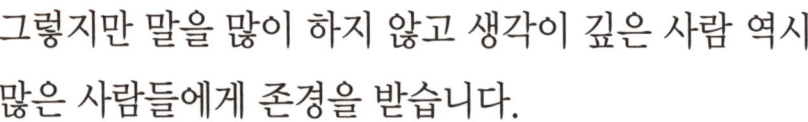

절대로 실수하지 않는 사람은 아무것도 하지 않는 사람이다.

롤랑

살면서 한 번도 실수하지 않은 사람은 없습니다. 누구나 일을 하는 과정에서 실수를 하게 되어 있지요.

실수를 하지 않는 방법은 딱 한 가지 뿐입니다. 아

무 일도 하지 않는 것이지요.

　실수하는 것이 겁나서 제대로 일을 하지 못한다면 그 사람의 일생은 무의미해지고 말 것입니다. 실수는 자연스러운 것입니다. 다만 한 번 했던 실수를 되풀이 하지 않도록 노력해야겠지요.

롤랑(1866-1944)

프랑스의 소설가, 극작가, 평론가. 〈이리들〉, 〈당통〉, 〈사랑과 죽음의 장난〉, 〈장 크리스토프〉 등 많은 걸작을 남겼는데, 이 중 〈장 크리스토프〉로 1915년 노벨 문학상을 수상하기도 했습니다.

> ## 꾸물대고 있는 것은 시간을 도둑맞는 일이다.
>
> — 영

시간은 그 어떤 재산보다도 귀중한 것입니다. 한 번 흘러가 버린 시간은 아무리 애를 써도 돌이킬 수 없고, 아무리 많은 돈으로도 살 수 없으니까요.

시간을 가장 잘 활용하는 것은 무슨 일이든 열심히 하는 것입니다. 꾸물거리거나 미루지 않고 매 순간 순간에 열심을 내 보세요. 그것이 곧 시간과 인생을 버는 일이니까요.

영(1683-1765)

영국의 시인. 모두 9권으로 이루어진 〈밤의 상념〉이라는 시집을 통해 이름이 널리 알려졌습니다. 그 밖에도 여러 편의 풍자시와 교훈시를 남겼습니다.

외모보다는 마음에 신경을 써라.

이솝

많은 사람들이 외모를 가꾸는 데 시간과 돈을 투자하지요. 그렇지만 정말 중요한 것은 남들에게 보이는 겉모습이 아닙니다. 겉모습이 화려하고 멋지다고 해도 마음이 아름답지 못하면 결국은 외면받게 되어 있으니까요.

외모의 화려함은 잠깐 사람들의 눈길을 받을 뿐이지만 마음의 아름다움은 오랫동안 많은 사람들에게

기억된다는 걸 잊지 마세요.

이솝(?-?)
고대 그리스의 우화 작가. 헤로도투스에 의하면 그는 B.C. 6세기 사람으로 사모스 인이었던 이아도몬의 노예였으며 델포이에서 살해되었다고 합니다. 그러나 〈이솝 이야기〉의 작가라는 것 외에는 정확하게 알려진 것이 없습니다.

나쁜 마음을 먹는 것은 나쁜 행동을 하는 것과 같다.

직접 나쁜 행동을 하지 않았다면 나쁜 마음만 먹는 것은 죄가 되지 않는 걸까요? 그렇지 않습니다.

일단 나쁜 마음을 먹었다는 것은 나쁜 행동의 뿌리가 된 것이기 때문이지요. 또한 나쁜 생각을 자주 하고, 나쁜 마음을 자주 먹는다면 그것은 나쁜 행동으로 이어질 확률이 매우 높은 것입니다.

나쁜 행동보다 먼저 나쁜 마음을 경계하세요.

쇼(1856-1950)

영국의 극작가이자 비평가. 집안이 가난하여 초등 학교만 졸업한 뒤 급사로 일하며 음악, 미술을 배웠고 소설을 썼습니다. 1885년부터는 많은 희곡을 써서 영국 근대 연극에 새로운 바람을 불어넣었다는 평가를 받았으며 1925년에 노벨 문학상을 받았습니다. 〈인간과 초인〉, 〈악마의 제자〉, 〈시저와 클레오파트라〉 등의 작품을 남겼습니다.

절약하는 것은 곧 돈을 버는 것이다.

키케로

돈을 버는 것보다 더 중요한 것이 아껴 쓰는 일입니다. 아무리 많은 돈을 번다고 해도 흥청망청 낭비한다

면 돈을 적게 벌고 절약하는 것만 못하게 됩니다.

　절약은 곧 돈을 버는 것이라는 마음으로 여러분도 오늘부터 절약하는 생활을 시작해 보세요.

키케로(B.C.106-B.C.43)
고대 로마의 정치가이자 웅변가. 웅변을 잘 하여 일찍이 원로원 의원이 되었습니다. 〈국가론〉, 〈법률론〉, 〈의무에 관하여〉 등의 책을 남겼습니다.

구르는 돌에는 이끼가 끼지 않는다.
영국 속담

　산이나 계곡에 가 보면 파르스름하게 이끼가 낀 돌을 많이 볼 수 있습니다. 그 돌들은 모두 제자리에서 수십 년 동안이나 머물러 있던 것들이지요. 하지만 작은 조약돌에는 이끼가 잘 끼지 않습니다. 물의 흐름에 따라 계속해서 움직이기 때문이지요.

　굴러다니는 돌에는 이끼가 끼지 않습니다. 사람도 마찬가지입니다. 부지런히 일하거나 공부하는 사람의 머릿속에는 잡다한 생각들이 들어차지 않습니다. 그

러나 게으르거나 노력하지 않는 사람들은 둔해지기 마련이랍니다.

> 밧줄로 받쳐 놓은 꽃나무는 곧게 자라고 내버려 둔 꽃나무는 제멋대로 자란다.
> ㄴ 공자

어린 묘목의 줄기를 밧줄이나 나무토막으로 지탱하게 해 놓은 것을 본 적이 있을 거예요. 나무가 좀더 곧고 튼튼하게 자라도록 하기 위한 장치이지요.

사람도 이와 마찬가지입니다. 엄한 가르침이나 규칙 없이 자란 사람은 마치 줄기를 지탱해 주지 않은 나무처럼 제멋대로 자라게 됩니다.

어릴 때부터 좋은 가르침을 받고 그 배움에 의지하여 자란 사람은 바르게 클 수 있는 것입니다.

공자(B.C.552~B.C.479)
중국 춘추 시대의 학자이자 사상가로 유교의 사상을 집대성했습니다. 55세 때는 노나라의 재상이 되기도 했으나 곧 정치를 그만두고 제자들을 키우는 데 힘을

쏟았습니다. 대표적인 저서로 〈논어〉가 있습니다.

거짓말은 눈뭉치와 같이 자꾸 커진다.
— 루터

큰 거짓말은 나쁘지만 작은 거짓말쯤은 웃음으로 넘길 수 있을까요? 절대 그렇지 않습니다. 거짓말은 한 번으로 끝나지 않기 때문이에요. 그 거짓말을 그럴싸하게 꾸미기 위해 여러 가지의 거짓말을 해야 하고, 나중에는 거짓말이 탄로나지 않게 하려고 더 큰 거짓

말을 하게 되지요. 그래서 거짓말은 눈뭉치처럼 점점 커지게 되는 것입니다. 또한 끝내는 그 거짓말조차 탄로나 망신을 당하게 되지요.

크든 작든 거짓말은 하지 마세요. 습관이 되면 고치기 어렵답니다.

루터(1483-1546)
독일의 종교개혁자이자 신학자. 그는 특히 이 세상의 모든 직업을 '신의 소명'이라고 주장했는데, 이 주장은 이후 사람들의 생각에 큰 영향을 미치기도 했습니다. 〈로마서 강의〉, 〈그리스도 인의 자유에 대하여〉, 100권에 이르는 〈루터 전집〉 등의 책을 남겼으며, 늙어서까지 강의를 통해 많은 사람들에게 자신의 생각을 전달했습니다.

약한 사람도 한데 뭉치면 강하다.
— 디즈레일리

일본이 우리 나라를 강제로 빼앗았던 당시 우리 나라에는 의병들이 많았습니다.

의병은 정식으로 군사 교육을 받지 못한 군인들로 평상시에는 농사를 짓거나 장사를 하다가, 일본 군인

들과 맞서 싸워야 할 때는 직접 총과 칼을 들고 나섰습니다. 특별히 힘이 셌던 것도 아니고, 싸움의 기술을 익히고 있는 것도 아니었습니다. 다만 나라 사랑하는 마음 하나로 뭉쳤던 것이지요.

그 당시에는 이런 의병들이 전국에서 일어났습니다. 그들은 좋은 무기를 가지고 있던 일본 군인들을 크게 혼내 주며 우리 민족의 애국심을 널리 알렸지요.

약한 사람이라도 여럿이 한데 뭉친다면 그 어떤 것보다도 큰 힘을 낼 수 있음을 보여 준 것이지요.

디즈레일리(1804-1881)
영국의 정치가. 22살 때부터 소설을 쓰기 시작했으며, 뛰어난 웅변 능력 때문에 33살 때부터는 정치가가 되었습니다. 재무장관과 총리를 지냈으며, 1876년에는 비컨스필드 백작의 작위를 받았습니다.

> 귀는 두 개, 입은 하나.
>
> ㄴ 디오게네스

　사람의 몸에 귀가 두 개 있고 입이 하나밖에 없는 까닭은 내가 말하는 것의 두 배만큼 다른 사람의 말을 들어 주라는 뜻에서일 것입니다.

　사람들이 모두 자신의 말만 앞세우고 남의 말을 듣지 않는다면 이 세상은 온통 이기적이고 목소리 큰 사람들로 가득하게 될 것입니다.

　내가 남보다 조금 더 많이 이야기하고 싶을 때, '귀는 두 개, 입은 하나' 라는 말을 떠올려 보세요. 그리고 다른 사람의 이야기에 한 번 더 귀기울여 보세요.

디오게네스(B.C.404?-B.C.323?)
그리스의 철학자. 가짜 돈을 만들었다는 죄로 고향인 시노페에서 쫓겨나 아테네로 온 뒤 안티스테네스의 제자가 되었습니다. 가난하지만 부끄러움이 없는 생활을 몸소 실천했던 것으로 유명합니다.

> **건강한 몸은 정신의 전당이고,
> 병든 몸은 감옥이다.**
>
> ― 베이컨

　우리 몸은 우리 정신이 머물고 있는 집과 같은 곳입니다. 그렇기 때문에 몸이 건강하지 않으면 정신 역시 약해질 수밖에 없습니다.

　몸이 건강해야 무엇이든 즐겁고 편한 마음으로 할 수 있지요. 몸이 아프면 어떤 일을 해도 짜증스럽고 힘겨울 뿐입니다.

　건강을 지키기 위해 노력하세요. 건강을 잃어버리는 것은 곧 모든 것을 잃어버리는 것과 같으니까요.

베이컨(1561-1626)
영국의 철학자이자 정치가. 데카르트와 함께 '근세 철학의 아버지'라고 불립니다. 케임브리지 대학을 졸업한 뒤 변호사로 일하다가 대법관의 자리에까지 올랐습니다. 〈수필집〉, 〈학문의 권위와 진보〉, 〈대저작〉 등의 글을 남겼습니다.

> **남에게서 좋은 말을 듣고 싶으면 자신의 장점을 지나치게 늘어놓지 말아야 한다.**
> — 파스칼

칭찬은 다른 사람이 할 때 비로소 빛이 나는 것입니다. 스스로 자기 장점을 늘어놓는 사람이 있다면 다른 사람의 손가락질을 받기 꼭 좋겠지요.

나 자신을 칭찬하기보다는 남을 칭찬하세요. 그럴 때 여러분 자신도 칭찬을 들을 수 있는 것입니다.

파스칼(1623-1662)
프랑스의 수학자, 물리학자, 철학자. 학교 교육은 받지 않았지만 독학으로 수학을 공부하여 당시 수학자들의 주목을 받았습니다. 그가 펴낸 대표적인 책으로 〈기하학적 정신에 대하여〉, 〈그리스도교의 변증론〉, 〈팡세〉가 있습니다.

구두쇠는 항상 가난하다.

호라티우스

　돈이라면 벌벌 떨고 한 푼도 쓰지 않는 사람을 구두쇠라고 합니다. 구두쇠들은 모두 부자일 것처럼 생각되지요? 하지만 사실은 그렇지 않습니다.

　실제로 구두쇠들이 많은 돈을 가지고 있을 수는 있습니다. 하지만 구두쇠들은 돈을 벌 줄만 알고 쓸 줄 모르기 때문에 그들의 생활은 초라하고 누추할 뿐입니다. 먹는 것, 입는 것 하나에도 돈을 쓰지 않기 때문에 가난한 사람처럼 어려운 생활을 하게 되지요.

돈을 가치 있게 쓸 줄 아는 것이 진정한 부자입니다. 남도 자신도 돌아보지 않고 무조건 아낀다고 해서 부자가 되는 것은 아니랍니다.

호라티우스(B.C.65-B.C.8)
로마의 시인. 아우구스투스 황제에게 사랑을 받았으며 많은 양의 풍자시와 서정시를 남겼습니다. 그의 시는 인간미가 풍부하고 언어가 아름다워 많은 사람들의 사랑을 받았습니다.

단결은 힘이다.

호메로스

줄다리기를 해 본 사람이라면 느꼈을 것입니다. 힘이 세다고 무조건 경기에서 이기는 것은 아니라는 사실을 말입니다. 힘이 약한 사람들이라고 해도 힘을 모으고 호흡을 맞춘다면 힘센 사람들을 충분히 이길 수 있지요.

단결은 힘보다 더 큰 위력을 발휘합니다. 서로 힘을 합하면 못할 일이 없지요.

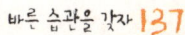

호메로스(?-?)
고대 그리스의 시인. 유럽 문학 사상 가장 오래 되고, 가장 긴 서사시 〈일리아드〉와 〈오디세이아〉를 지었다고 전해집니다. 그외에도 〈마르기테스〉와 〈아서회전〉 등 몇 가지 서사시가 그의 것이라고 전해지지만 확실치는 않습니다.

> 남의 좋은 점을 말하라.
> 그러면 자신도 남도 이롭게 된다.
>  링컨

　습관처럼 남의 흉을 보고 단점을 떠벌리는 사람이 있습니다. 그렇지만 기억하세요. 내가 누군가의 험담을 하고 있을 때 어디서 누군가는 나를 손가락질하고 있을지 모른다는 사실을요.

　남의 험담을 하는 것은 곧 나를 깎아내리는 것과 같습니다. 다른 사람을 대할 때 먼저 좋은 점을 보고 그것을 사람들에게 말하세요. 다른 사람들도 그런 여러분의 모습에서 좋은 점을 먼저 보게 될 것입니다.

링컨(1809-1865)
미국의 제16대 대통령. 가난한 집안에서 태어났으나 열심히 노력하여 변호사가 되었습니다. 1860년에 대통령에 당선되었으며, 대통령이 되자마자 노예 제도를 폐지하는 등 많은 업적을 남겼습니다.

생각이 깊지 못한 사람은 언제나 말이 앞선다.

— 호메로스

말로 모든 것을 다할 것처럼 큰 소리치는 사람들이 있습니다. 하지만 실제 일에서는 말로 되는 일이 없습니다. 무엇보다 중요한 것은 행동이지요.

생각이 깊은 사람은 충분히 생각하고, 생각한 것을 말로 옮기지만 생각이 얕은 사람은 책임질 수 없는 말만 늘어놓습니다.

호메로스(?-?)
고대 그리스의 시인. 유럽 문학 사상 가장 오래되고, 가장 긴 서사시 〈일리아드〉와 〈오디세이아〉를 지었다고 전해집니다. 그외에도 〈마르기테스〉와 〈아서회전〉 등 몇 가지 서사시가 그의 것이라고 전해지지만 확실치는 않습니다.

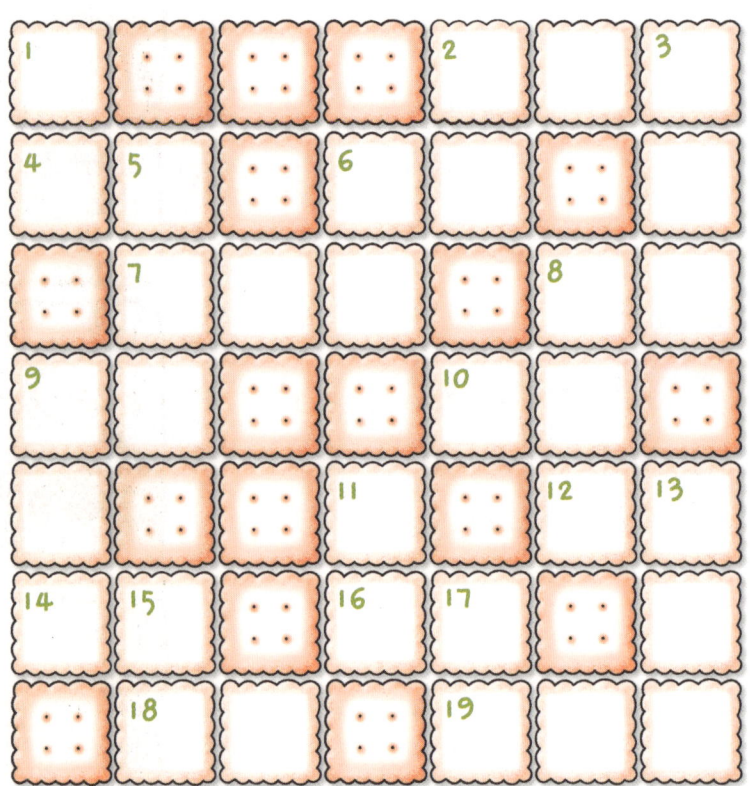

★ 해답은 142쪽에 있어요.

가로 열쇠

2. 포도의 알맹이
4. 개인이나 가정, 단체가 가지고 있는 재물. 노력이 적으면 얻는 것도 적다. 인간의 ○○은 그의 노고에 달려 있다.
6. 날마다 그 날의 일을 쓰는 글
7. 나무하는 일을 직업으로 하는 사람
8. 새의 먹이
9. 눈물샘에서 나오는 물
10. 위험을 무릅쓰고 알려지지 않은 곳을 찾아 다니는 일
12. 한 가정을 이루는 사람들. ○○에게 자상하지 않으면 헤어진 뒤에 후회한다.
14. 태양계의 중심을 이루는 별. 아름다운 웃음은 집안의 ○○이다.
16. 군대를 통솔하는 지위에 있는 사람. 이순신 ○○
18. 절반만 둥근 달
19. 머리털이 별로 없이 벗어진 머리

세로 열쇠

1. 능력이 뛰어난 사람. 굳은 인내와 노력을 하지 않는 ○○는 이 세상에 있었던 적이 없다.
2. 심하게 실망하여 자신을 돌보지 않음. 도중에서 ○○하지 말라. 망설이지 말라. 최후의 성공을 거둘 때까지 밀고 나가라.
3. 물건의 껍데기를 벗기고 남은 속
5. 산에서 나는 먹을 수 있는 풀
6. 일을 잘 하는 사람
8. 모험을 즐기거나 자주 하는 사람
9. 쌓여 있던 눈이 무너지는 것
11. 책을 가지런히 쌓아 두는 가구
13. 옛날 신부들이 머리에 쓰던 둥근 모양의 관
15. 조선 시대에 지체나 신분이 높은 사람을 부르는 말
17. 일정한 조직을 가진 군인의 집단

쉬어가는 퍼즐 2

해답

¹천				²포	도	³알
⁴재	⁵산		⁶일	기		맹
	⁷나	무	꾼		⁸모	이
⁹눈	물			¹⁰탐	험	
사			¹¹책		¹²가	¹³족
¹⁴태	¹⁵양		¹⁶장	¹⁷군		두
	¹⁸반	달		¹⁹대	머	리

7장

따뜻한 마음으로
인간을 사랑하자

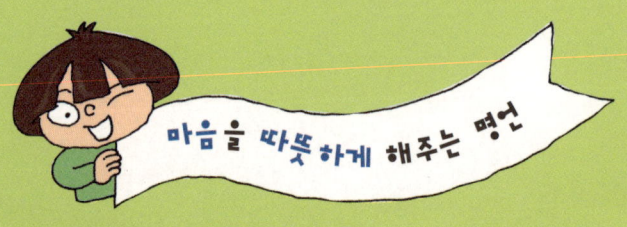

마음을 따뜻하게 해주는 명언

인간의 본성은 원래 착한 것이다.
— 맹자

맹자는 '사람은 태어날 때부터 원래 착하다.'는 '성선설'을 주장했습니다. 전쟁과 살인, 약탈과 같은 나쁜 행동은 사람의 본성이 포악해서가 아니라 시대와 환경 때문이라는 것이지요.

즉 사람은 누구나 착한 마음을 가지고 태어나지만 나쁜 환경에 빠지면 악해질 수도 있기 때문에 언제나 원래의 착한 마음을 키워 나가도록 노력해야 한다는 뜻입니다.

맹자(B.C.372~B.C.289)

중국 춘추전국 시대의 사상가. 공자의 손자인 자사 밑에서 학문을 닦았습니다. 나이가 들어서는 고향으로 돌아가 제자들의 교육에만 힘썼습니다. 그가 남긴 책 〈맹자〉는 유교 경전 중의 하나로 손꼽힙니다.

> 착한 일을 많이 하게 되면 자연히
> 나쁜 일을 하지 않게 된다.
>
> — 마호메트

이 말은 이슬람교의 경전인 코란에 나오는 말입니다. 나쁜 일을 하지 않으려면 오히려 좋은 일을 많이 해서 나쁜 일이 끼여들지 못하게 해야 한다는 뜻이지요.

마호메트(570?-632)
고대 아라비아의 예언자이자 이슬람교의 창시자. 메카를 중심으로 하여 이슬람교를 널리 퍼뜨렸습니다. 〈코란〉은 이슬람교의 경전으로 마호메트의 예언이나 여러 가지 가르침을 모아 놓은 것입니다.

열린 마음은 가장 귀중한 인간의 재산이다.
— 부버

부버는 다른 사람을 이해하기 위해서는 충분한 대화가 필요하다고 믿었습니다.

그리고 이 때 가장 중요한 것이 '열린 마음'이라고 주장했습니다. 열린 마음이란 나의 생각을 고집하지 않고 상대방의 생각을 받아들이는 마음과 자세를 뜻하지요.

다른 사람과 대화를 할 때 열린 마음으로 해 보세

요. 마음을 활짝 열어 놓아야만 서로를 깊이 이해할 수 있습니다.

부버(1878-1965)
독일의 유대계 종교철학자. 빈 대학에서 학위를 받고 동양 철학을 연구했으며, 성서를 독일어로 번역하기도 했습니다. 〈인간의 문제〉, 〈유토피아에의 길〉, 〈사회와 국가〉 등의 책을 남겼습니다.

양초는 남을 밝게 하고 자신을 태운다.

 외국 격언

양초는 세상을 밝히기 위해 자기 자신의 몸을 태웁니다. 그리고 나중에는 녹아서 없어져 버리지요.

봉사란 바로 양초와 같은 마음으로 하는 것입니다. 다른 사람들을 위해 나 자신을 희생하는 것이지요.

백의의 천사 나이팅게일이나 테레사 수녀님 같은 분들은 바로 남들을 위해서 자신을 희생했던 대표적인 분들입니다. 마치 양초와도 같이 자신의 몸을 돌보지 않고 남들을 위해 평생을 바친 분들이지요.

사람의 참다운 재산은 그가 이 세상에서 행하는 착한 행동이다.

마호메트

재산이라고 하면 돈이나 집, 차 등을 떠올릴 것입니다. 하지만 사람이 세상을 떠나게 될 때는 이런 재산도 아무 소용이 없습니다.

그 사람이 살아 있을 때나 세상을 떠났을 때나 영원히 남는 재산은 단 하나, 사람이 한평생을 살며 베푼

착한 행동들입니다.

이것은 그 무엇과도 바꿀 수 없는 가장 소중한 재산이지요.

마호메트(570?-632)
고대 아라비아의 예언자이자 이슬람교의 창시자. 메카를 중심으로 하여 이슬람교를 널리 퍼뜨렸습니다. 〈코란〉은 이슬람교의 경전으로 마호메트의 예언이나 여러 가지 가르침을 모아 놓은 것입니다.

> 최고의 착한 행동은
> 그 흔적을 남기지 않는다.
> — 노자

고아들과 병든 노인들이 모여 사는 어느 산동네에 해마다 연말이 되면 찾아오는 이들이 있습니다. 그들은 새벽에 쌀가마니를 이고 와 동네 한가운데에 잔뜩 쌓아 두고는 사라지곤 했지요.

이 일은 해마다 거듭되었습니다. 어느 해에 동네 사람들은 그들이 누구인지 알아 보려고 숨어서 그들을

기다렸습니다. 드디어 그 사람들이 나타났습니다.

"도대체 당신들은 누구십니까?"

"저희는 심부름을 하는 것뿐입니다. 이 쌀을 전하라는 사람은 절대로 자신을 밝히지 말라고 했습니다."

동네 사람들은 누군가의 따뜻한 마음에 흐르는 눈물을 감출 수가 없었습니다.

노자(?-?)

중국 춘추 시대의 사상가. 어지러운 세상을 안타까워하며 중국을 떠나기 전에 〈노자〉(〈도덕경〉이라고 부르기도 함.)라는 책을 썼습니다. 장자는 나중에 이 책에 쓰여진 사상을 이어받아 도가 사상을 발전시켰고, 도가 사상은 유교와 함께 중국 2대 사상이 되었습니다.

매일 반성하라. 만약 잘못이 있으면 고치고, 없으면 더 반성해 보라.

― 주희

 반성은 어떤 잘못을 저질렀을 때만 하는 것이 아닙니다. 특별한 잘못을 저지르지 않았다고 해도 늘 자신을 돌아보고 반성하는 자세가 필요하지요.

 살아가다 보면 알게 모르게 많은 실수나 잘못을 저지르게 됩니다. 그렇기 때문에 늘 반성의 마음을 갖고 생활해야 하는 것이랍니다.

주희(1130-1200)
중국 남송 시대의 학자. 19살에 과거에 급제하여 학문을 깊이 연구하였습니다. 그는 '송학'이라는 학문의 학풍을 이어받아 '성리학'을 완성시켰는데, 성리학은 중국과 우리 나라 뿐만 아니라 일본에까지 영향을 미쳤습니다.

아름다움은 모든 곳에 있다.

― 로댕

로댕은 젊은 시절 어려운 환경 속에서 조각을 했지만 아름다움에 대한 확신을 갖고 있었습니다.

'더럽고 초라해 보이는 것들 속에도 아름다움은 있다. 비록 눈에는 보이지 않지만 마음으로 느껴지는 아름다움은 분명히 있다.'

로댕은 코가 이상하게 생긴 이웃집 아저씨의 얼굴을 조각해서 〈코가 찌그러진 남자〉라는 제목으로 응모전에 냈습니다. 그러나 그 작품은 입선하지 못했습니다.

작품 속의 인물이 너무 끔찍하다는 이유 때문이었죠.

사람들은 겉으로 보이는 모습만 봤을 뿐 그 작품 속에서 로댕이 담아 내려 했던 이웃 아저씨의 따뜻하고 아름다운 마음을 이해하지 못했던 것입니다.

로댕(1840-1917)
프랑스의 조각가. '근대 조각의 시조'로 일컬어지며 〈생각하는 사람〉, 〈칼레의 시민〉, 〈지옥의 문〉 등 많은 작품을 남겼습니다.

**자기가 원하지 않는 일을
남에게 권하지 말라.**

— 공자

내가 꺼리는 일은 남도 하기 싫은 법입니다. 어렵고 힘든 일을 다른 사람에게 떠넘기는 것은 이기적인 행동이지요.

내가 원치 않는 일은 남에게 권하지 마세요. 그보다는 모든 사람이 꺼리는 일에 내가 먼저 앞장서 보는 것은 어떨까요?

공자(B.C.552-B.C.479)
중국 춘추 시대의 학자이자 사상가로 유교의 사상을 집대성했습니다. 55세 때는 노나라의 재상이 되기도 했으나 곧 정치를 그만두고 제자들을 키우는 데 힘을 쏟았습니다. 대표적인 저서로 〈논어〉가 있습니다.

> 어려서 겸손해져라, 젊어서 온화해져라,
> 장년에 공정해져라, 늙어서는 신중해져라.
> ― 소크라테스

이 말은 사람이 살아가면서 꼭 지켜야 할 것을 네 시기로 구분해서 말한 것입니다.

아무 것도 모르는 어린 시절에는 자만하지 말아야

하고, 혈기가 넘치는 젊은 시절에는 무엇보다 부드러운 마음씨를 가져야 하며, 아랫사람들을 거느리게 되는 장년에는 판단을 잘 해야 하며, 나이가 많이 들어서는 오랫동안 생각하고 일을 처리하라고 했습니다.

살아가면서 이 말을 늘 생각한다면 보람 있는 인생을 살 수 있을 것입니다.

소크라테스(B.C.470?-B.C.399)
고대 그리스의 철학자입니다. 그는 사람들에게 '너 자신을 알라.'고 말하며 지식과 행동이 일치하도록 가르쳤습니다. 그러나 70세쯤 되었을 때 억울하게 고소를 당해 사형을 선고받고 죽었습니다.

> **착한 사람이 되어라. 그러면 이 세상은 착한 세상이 될 것이다.**
> ― 힌두교 명언

이 세상은 한 사람, 한 사람으로 이루어져 있습니다. 그래서 우리 모두는 이 세상에서 없어서는 안될 소중한 사람이며 나 한 사람의 행동이 세상을 좋게도

나쁘게도 바꿀 수 있는 것입니다.

나 한 사람의 착한 행동이 세상을 바르게 만들고, 나 한 사람의 범죄가 세상을 악하게 만들 수 있다는 것을 잊지 말고, 작은 일 하나에도 올바르게 행동할 수 있는 여러분이 되도록 하세요.

> 사물의 아름다움은 그것을 바라보는 사람의 마음 속에 있다.
>
> 흄

똑같은 사람, 똑같은 자연이라도 기분이 좋을 때 보는 것과 그렇지 않을 때 보는 것과는 다릅니다. 보는 이의 마음이 좋을 때는 모든 것이 아름다워 보이지만

그렇지 않을 때는 아무리 고운 것이라고 해도 좋아 보이지 않기 때문입니다.

  세상을 아름답게 보고 싶다면 내 마음부터 아름답게 가꾸어 보세요. 내 마음이 아름다울 때 모든 것이 저절로 아름다워질 테니까요.

흄(1711-1776)
영국의 철학자. 프랑스 대사의 비서관을 거쳐 국무차관을 지낸 후 은퇴하였습니다. 모두 3권으로 이루어진 〈인성론〉이라는 책을 쓰기도 했습니다.

쉬어가는 이야기 세 번째

골드 스미스의 따뜻한 마음

골드 스미스가 의사였던 시절의 이야기입니다.

어느 날 밤 늦은 시간에 웬 부인이 골드 스미스의 병원 문을 두드렸습니다. 다급하게 문 두드리는 소리에 골드 스미스는 급히 나가 문을 열어 주었지요. 그러자 부인은 황급히 뛰어들며 소리쳤습니다.

"선생님, 저희 남편을 좀 살려 주세요. 지금 죽어가고 있어요. 저희 남편만 살려 주신다면 그 은혜는 영원히 잊지 않겠어요."

부인은 울먹이는 목소리로 애원했습니다.

"아니, 대체 어디가 편찮으신데 그러시나요?"

"음식을 하나도 먹질 못해요. 예전부터 선생님을 찾아오고 싶었지만 치료비가 한 푼도 없어서 그냥 있었어요. 그런데 오늘은 너무 급해서 뻔뻔스러운 줄 알지만 빈 손으로 찾아왔어요. 선생님, 제발 좀 도와 주세요."

골드 스미스는 부인에게 자애로운 미소를 지으며 말했습니다.

"부인, 너무 걱정 마세요. 돈보다도 사람의 목숨이 더욱 중요한 것 아니겠습니까?"

그리고 골드 스미스는 그녀와 함께 남편이 있는 집으로 향했습니다. 집안으로 들어가 보니 어두운 방에 뼈만 앙상하게 남은 남편이 죽은 듯이 누워 있었습니다.

골드 스미스는 청진기를 들고 남편을 진찰하기 시작했지요. 이윽고 진찰이 끝나자 부인이 걱정스러운 표정으로 물었습니다.

"선생님, 어떻습니까?"

"그렇게 큰 병은 아니니까 너무 걱정 마십시오. 내일 저희 병원으로 오세요. 약을 지어 드리겠습니다."

그리고 다음 날이 되었습니다. 약속대로 부인은 약을 타기 위해 병원으로 찾아왔지요. 골드 스미스는 작은 상자 하나를 꺼내서 부인에게 건넸습니다. 그리고 이렇게 말했습니다.

"부인, 이 상자는 반드시 집에 가서 열어 보셔야 합니다. 남편 분의 병은 잘 먹지 못해서 생긴 영양 실조입니다. 이 상자를 열어 본 후에 먹고 싶은 것을 먹을 수 있도록 하세요."

부인은 골드 스미스의 말대로 집으로 돌아온 뒤에 상자를 열어 보았습니다. 그랬더니 상자 안에는 많은 돈이 들어 있었습니다. 부인은 골드 스미스의 마음씨에 감격하며 한없이 눈물을 흘렸습니다.

8장 우정을 소중히 가꾸자

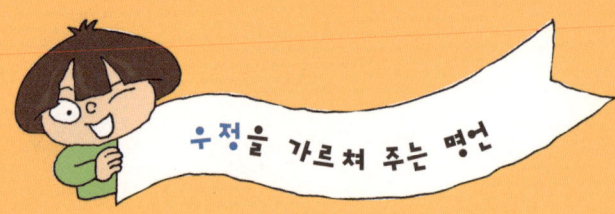

우정을 가르쳐 주는 명언

친구란 두 신체에 깃들인 하나의 영혼이다.
— 아리스토텔레스

친구와 깊이 사귀다 보면 어느 새 그 친구와 내가 닮아 가는 것을 느낄 때가 있습니다. 좋아하는 것도 비슷해지고 말하는 것도 비슷해지지요.

위의 명언은 친구 사이는 같은 영혼을 가지고 있는 것처럼 보일 만큼 닮는다는 것을 뜻하는 것입니다.

친구는 그만큼 가깝고 또 서로에게 많은 영향을

미치는 사이인 것이지요.

아리스토텔레스(B.C.384-B.C.322)
고대 그리스의 철학자. 플라톤의 학원에 들어가 스승이 죽을 때까지 머물렀습니다. 플라톤이 죽은 뒤에는 알렉산드로스의 스승이 되었다가 그가 아시아 원정을 떠나자 리케이온에 학교를 세워 제자를 길렀습니다. 〈오르가논〉, 〈시학〉, 〈정치학〉, 〈형이상학〉 등의 책을 남겼습니다.

> 그 사람을 알고 싶으면 그의 친구를 보라.
> ㄴ 공자

보통 사람들은 자기와 비슷한 사람과 친구로 지내게 마련입니다. 성격이나 취향, 생각이 다르다면 서로 친구가 되기 어려울 테니까요.

그래서 그 사람의 친구를 보면 그가 어떤 사람인지를 알 수 있다는 것이지요.

공자(B.C.552-B.C.479)
중국 춘추 시대의 학자이자 사상가로 유교의 사상을 집대성했습니다. 55세 때는 노나라의 재상이 되기도 했으나 곧 정치를 그만두고 제자들을 키우는 데 힘을 쏟았습니다. 대표적인 저서로 〈논어〉가 있습니다.

> 인생에서 우정을 제외하라는 것은
> 지구에서 태양을 없애라는 것과 같다.
>
> ― 키케로

키케로는 우정을 태양에 비유해 그 소중함을 강조했습니다.

태양이 없다면 인간이 삶을 제대로 영위할 수 없듯이 인생에서 참다운 우정을 갖지 못한다면 그것 역시 무의미한 삶이라는 것이지요. 친구 사랑하는 마음을 잃지 마세요. 친구와 우정이 없는 인생은 쓸쓸하고 허무한 것이 될 것입니다.

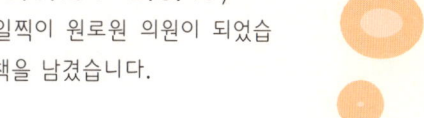

키케로(B.C.106-B.C.43)
고대 로마의 정치가이자 웅변가. 웅변을 잘 하여 일찍이 원로원 의원이 되었습니다. 〈국가론〉, 〈법률론〉, 〈의무에 관하여〉 등의 책을 남겼습니다.

내가 없는 곳에서 나를 칭찬해 주는 사람이 좋은 친구다.

↳ 이엄

좋은 친구는 충고와 칭찬을 적절히 할 수 있는 사람입니다. 사람에게는 누구나 장점과 단점이 있습니다. 좋은 친구라면 단점을 지적해 주어 고치도록 하고, 장점을 칭찬해 주어 용기를 줄 수 있어야 하지요.

그런데 문제는 충고와 칭찬을 하는 방법입니다. 좋은 친구라면 충고를 할 때는 당사자 앞에서 해야 하고, 또 칭찬을 할 때는 다른 사람들 앞에서 할 것입니다. 그래야 듣는 사람이 말해 주는 친구의 마음을 진심으로 받아들일 수가 있습니다.

다른 사람들 앞에서 친구의 단점을 이야기하는 것은 친구의 흉을 보는 것과 같고, 앞에서 좋은 말만 하는 것은 진정 친구를 위한 태도가 아니라는 것을 잊지 마세요.

이엄(866-932)

신라 말, 고려 초의 스님. 당나라의 도응에게서 진리를 배우고 귀국한 뒤 김해에 절을 짓고 자신의 배움을 전파하였습니다. 이후에 고려 태조의 부름을 받고 개경으로 들어갔다가 해주 광조사의 주지가 되는 등 평생 동안 진리를 알리는 데 애썼습니다.

> 친구라면 신중하게 사귀어라. 혀는 혀, 마음은 마음이라고 하는 사람은 그야말로 무서운 사람이다. 그런 사람은 친구로 삼을 것이 아니라 적으로 삼아라.
> ─ 테오그니스

'혀는 혀, 마음은 마음'이란 것은 바로 생각과 말이 다른 사람을 이르는 말입니다. 테오그니스는 무엇보다도 생각과 말이 일치하는 사람을 친구로 사귀어야 한다고 충고합니다. 마음 속으로는 누군가를 미워하면서 그 사람 앞에서는 좋은 말만 늘어놓는다든가, 못할 것을 뻔히 알면서도 할 수 있다고 큰소리치는 일과 같은 것은 모두 말과 생각이 일치하지 않는 예이지요. 생각과 말이 일치하는 사람이라면 다른 점도 충분히 믿을 수 있다는 것이 테오그니스의 생각이었죠.

테오그니스(?-?)
고대 그리스의 시인. 귀족 출신으로 자신의 신분에 대단한 자신감을 가지고 있었습니다. 정치시, 격언, 연애시 등 여러 작품이 전해지고 있습니다.

> **모든 사람에 대해서 친구인 사람은 누구에 대해서도 친구가 아니다.**
>
> — 이엄

친구가 적은 것보다는 많은 것이 좋겠지요. 그렇지만 평생 진정한 친구가 한 사람만 있어도 성공한 삶이라고 했습니다. 그만큼 진정한 친구를 얻는 일이 쉽지 않다는 것을 알 수 있지요.

모든 사람들에게 다 친절을 베풀며 친구인 것처럼 행동하는 사람이 있습니다.

이런 사람은 잠시 많은 이들에게 즐거움을 줄 수는

있겠지만 나의 진정한 친구는 될 수 없답니다.

이엄(866-932)

신라 말, 고려 초의 스님. 당나라의 도응에게서 진리를 배우고 귀국한 뒤 김해에 절을 짓고 자신의 배움을 전파하였습니다. 이후에 고려 태조의 부름을 받고 개경으로 들어갔다가 해주 광조사의 주지가 되는 등 평생 동안 진리를 알리는 데 애썼습니다.

**우정은 기쁨을 두 배로 해주고
슬픔을 반으로 줄여 준다.**

실러

친구와 기쁨을 나누면 그 기쁨은 두 배로 커집니다. 나의 기쁨에 친구도 함께 기뻐해 주기 때문이지요.

반대로 슬픈 일이 있을 때 친구에게 의논을 하면 그 슬픔은 반으로 줄어듭니다. 친구의 위로와 격려가 슬픔을 줄여 주기 때문입니다.

실러(1759-1805)

독일의 시인이자 극작가. 의학을 공부하면서 시와 희곡을 쓰기 시작했습니다. 독일 문학계에서는 괴테와 더불어 2대 작가로 불리우지만 작품 세계는 괴테와 전

혀 달랐습니다. 대표작으로 〈빌헬름 텔〉, 〈메시나의 신부〉, 〈오를레앙의 처녀〉, 〈돈 카를로스〉 등이 있습니다.

> 친구란 모든 것을 알고 있으면서도 사랑해 주는 사람을 말한다.
> — 허버트

진정한 우정이란 그 친구의 잘못까지도 덮어 줄 수 있어야 합니다.

친구의 잘못을 지적해 주는 것도 우정이지만, 잘못한 일을 다독여 주고, 격려해 주는 것도 좋은 친구의 역할입니다.

또한 친구가 어떤 잘못이나 실수를 했다고 해도 끝까지 믿어 주는 것이 진정한 우정이지요.

허버트(1593-1633)
영국의 시인. 평생을 시골에서 성직자로 살았습니다. 주로 종교적인 주제를 다룬 성스러운 시를 많이 썼고, 〈성당〉 등의 시집을 남겼습니다.

비교는 친구를 적으로 만든다.

↘ 외국 격언

누구든 다른 사람과 비교당하기를 원치 않습니다. 특히나 가까운 친구와 비교당하게 되면 더욱 기분이 상하겠지요. 누구와든 비교를 하는 것은 옳지 못하지만 특히 친구끼리를 비교해서는 안 됩니다. 그것은 곧 가까운 친구 사이를 적으로 만드는 것과 같습니다.

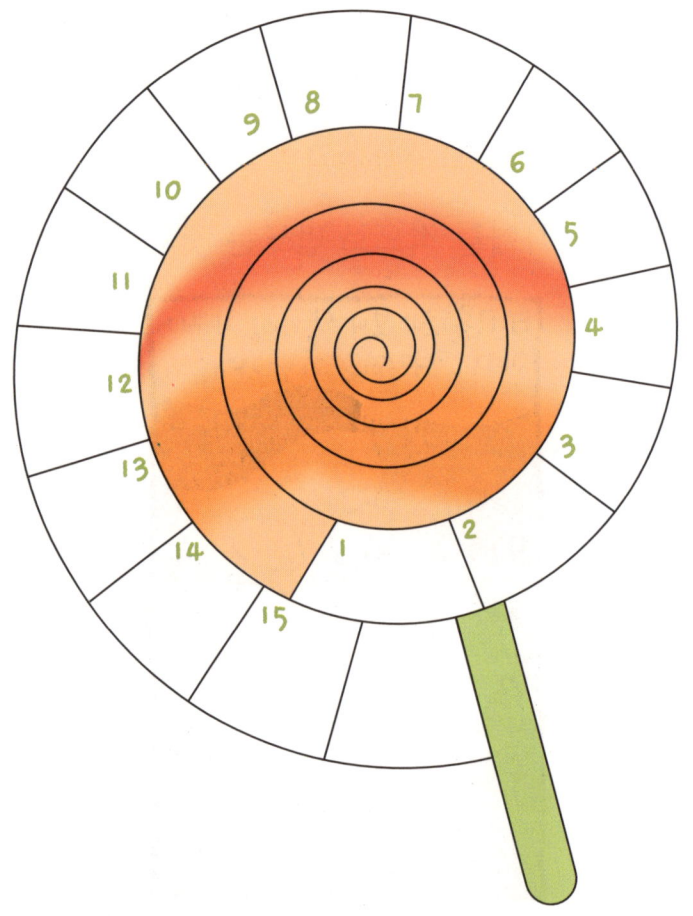

★ 해답은 172쪽에 있어요.

 풀이 열쇠

1. 시를 쓰는 사람. 셸리, 다니엘, 롱펠로 등이 이런 사람들이지요.
2. 사람, 인류. ○○의 용기는 그 사람이 위험에 빠졌을 때만 알 수 있다.
3. 음식의 간을 맞출 때 쓰는 검은 액체
4. 좋은 점. 남에게서 좋은 말을 듣고 싶으면 자신의 ○○을 지나치게 늘어놓지 말아야 한다.
5. 성적을 나타내는 수
6. 수를 가르치는 학문
7. 배우고 익힘. ○○과 예술만이 인간을 신성에까지 끌어올린다.
8. 답을 필요로 하는 물음. 이기는 것이 중요한 것이 아니다. 어떻게 노력하는가가 ○○이다.
9. 죽은 조상들에게 음식을 바쳐 정성을 표시하는 의식
10. 공동 생활을 하는 사람들의 집단. 나는 부자라는 말을 듣는 것보다 ○○에 이바지한 사람이라는 말을 듣고 싶다.
11. 여럿이 모여 의논함.
12. 의사를 일컫는 옛말
13. 일의 근거하는 곳. 급히 서두르는 것은 실패의 ○○이다.
14. 사람이 이 세상에 살아 있는 동안
15. 살아서 활동함. 생계를 유지하며 살아 나감.

해 답

1. 시인
2. 인간
3. 간장
4. 장점
5. 점수
6. 수학
7. 학문
8. 문제
9. 제사
10. 사회
11. 회의
12. 의원
13. 원인
14. 인생
15. 생활

 메모 하세요

우리나라 오천년 이야기 生活사
① 세상 이야기

글 · 원영주 그림 · 정진희
책임감수 · 이종철(국립민속박물관장)

양장본/264쪽/값 12,000원

※ 우리나라 오천년 이야기 생활사 2권
   곧 나옵니다.

▶한국간행물윤리위원회 청소년추천도서

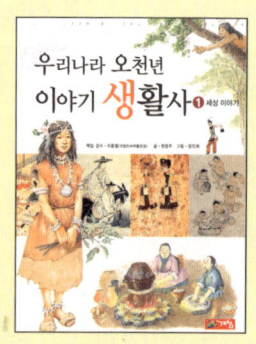

아주 먼 옛날 사람들은 무엇을 먹고, 어떤 형태의 집에서 살았으며 무엇을 입고 살았을까요?
과거에 대한 간단한 궁금증에서 이 책은 출발합니다.
오천 년 전 내가 서 있던 이 자리에서는 어떤 일이 벌어졌을까요?
비록 가상의 사건들이기는 하지만, 작은 궁금증에서 출발한 상상 속의 과거에서는
많은 사건이 벌어지고 많은 지혜가 발휘됩니다. 그 이야기들을 읽으면서
조상들의 생활에 대한 궁금증은 더 커지지요.
한껏 부푼 궁금증은 '조상들의 생활사 들여다보기'를 통해
서서히 풀리기 시작합니다.

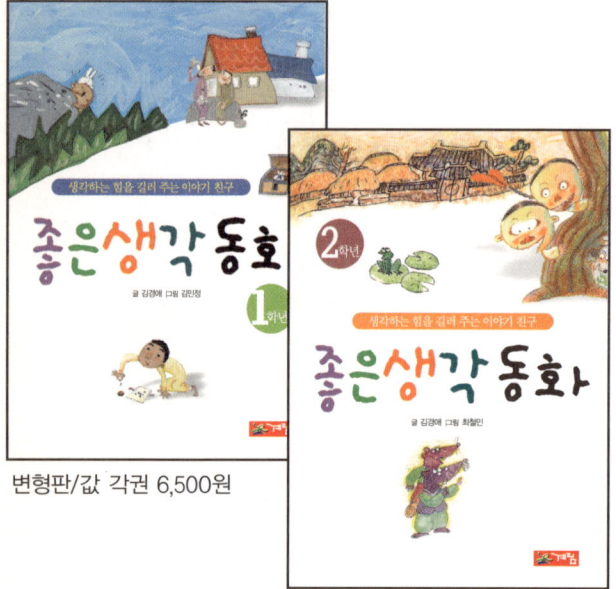

변형판/값 각권 6,500원

생각의 실타래를 엮은 보물 창고

생각동화는 생각의 실타래를 엮은 보물 창고예요.
모인 실타래가 굵을수록, 세상을 바라보는 힘은
커진답니다. 어려움을 지혜롭게 이겨내고,
세상을 새롭게 바꾸는 주인공들을 보면서 떠오르는
생각들을 잘 정리해 보세요.

좋은생각동화 1학년
글 · 김경애 | 그림 · 김민정

좋은생각동화 2학년
글 · 김경애 | 그림 · 최철민

좋은생각동화 3학년
글 · 김경애 | 그림 · 이웅기

소년조선일보 신예 동화·동시작가 20인

우수 동시 마을 60
어린이 가까이에서 어린이를 생각하며 쓴 동시를 읽고 시인의 마음 속에 있는 어린이의 모습을 캐내어 보세요.

정두리 엮음 | 오은영 외 지음 | 이육남 외 그림
변형판 | 168쪽 | 값 6,500원

우수 동화 마을 20
"내 책과 내 마음 따로따로 떨어질 수 없어요."
어린이 마음과 따로 떨어질 수 없는 동화마을의 스무 가지 새로운 이야기와 만나 보세요.

이상배 엮음 | 차보금 외 지음 | 한태희 외 그림
변형판 | 168쪽 | 값 6,500원
▶ 조선일보 좋은책 선정

초등학생이 꼭 알아야 할 아름다운 우리말
이제는 뜻깊고 아름다운 우리말을 사용할 때입니다. 우리말을 많이 알고 잘하는 사람이 남의 나라 말도 잘하는 법이지요.

'한통속'이란 말은 마음이 서로 통하여 모이는 한 동아리라는 뜻입니다. 어떤 의견에 여러 사람의 마음이 서로 통하여 하나가 될 때가 바로 한통속이 되는 것입니다.

글 · 이정 | 그림 · 이혁
208쪽 | 값 7,000원

우리기획은 번뜩이는 아이디어와 좋은 글감으로
어린이들에게 유익한 책만 고집하는 책나라 일꾼들의 모임입니다.
〈태교 동화〉, 〈의성어 동화〉, 〈의태어 동화〉,
〈자장자장 3분 동화〉, 〈예쁜 마음 아가 동시〉, 〈어린이 과학 신문〉 등
학습과 재미가 곁들여진 많은 책들을 만들었습니다.

글·구성 : 김양순, 홍건국, 허문선, 함윤미, 전지은
디자인·편집 : 이은선, 최인선

저학년

명언

2002년 7월 15일 초판 1쇄 발행
2005년 3월 8일 중쇄 발행

기획·글 : 우리기획
그림 : 김재일
펴낸곳 : 계림
주소 : 서울시 종로구 평동 13-69
전화 : 722-7672 / **팩스** 722-7035
출판등록 : 제1-1793호
이메일 : kyelim@lycos.co.kr
홈페이지 : www.kyelimbook.com